JN161900

21世紀を生きる若い人たちへ

池上彰の現代史授業

池上 彰 監修・著

昭和編①

昭和二十年代

戦争と復興

ミネルヴァ書房

はじめに

日本《にほん》とアジアの関係《かんけい》のニュースでは、「戦争中《せんそうちゅう》」という言葉《ことば》がよく登場《とうじょう》します。この戦争《せんそう》とは、「太平洋戦争《たいへいようせんそう》」のこと。戦争《せんそう》を経験《けいけん》した人《ひと》が少《すく》なくなって、戦争《せんそう》の歴史《れきし》が若《わか》い人《ひと》たちに伝《つた》えられなくなっています。でも、あの戦争《せんそう》によって、いまの日本《にほん》やアジアの関係《かんけい》が作《つく》られました。日本《にほん》に暮《く》らす私《わたし》たちは「知《し》らない」では済《す》まされないのです。

また、世界《せかい》で紛争《ふんそう》が起《お》きるたびに「東西冷戦《とうざいれいせん》」という言葉《ことば》が出《で》てきます。太平洋戦争《たいへいようせんそう》を含《ふく》む第二次世界大戦《だいにじせかいたいせん》が終《お》わった後《あと》、世界《せかい》はあらたな「冷戦《れいせん》」という対立《たいりつ》を迎《むか》えたのです。その東西冷戦《とうざいれいせん》は、「ベルリンの壁《かべ》」が崩壊《ほうかい》して終《お》わりました。そもそもベルリンの壁《かべ》とは、どんなものだったのでしょうか。そのことを知《し》ると、現代世界《げんだいせかい》がよりよく理解《りかい》できます。

いまの世《よ》の中《なか》は複雑《ふくざつ》で、国際関係《こくさいかんけい》もややこしいことが多《おお》く、ニュースを理解《りかい》するのは、なかなかむずかしいことと思《おも》います。しかし、現代《げんだい》より少《すこ》し前《まえ》の歴史《れきし》を見《み》ると、なぜ

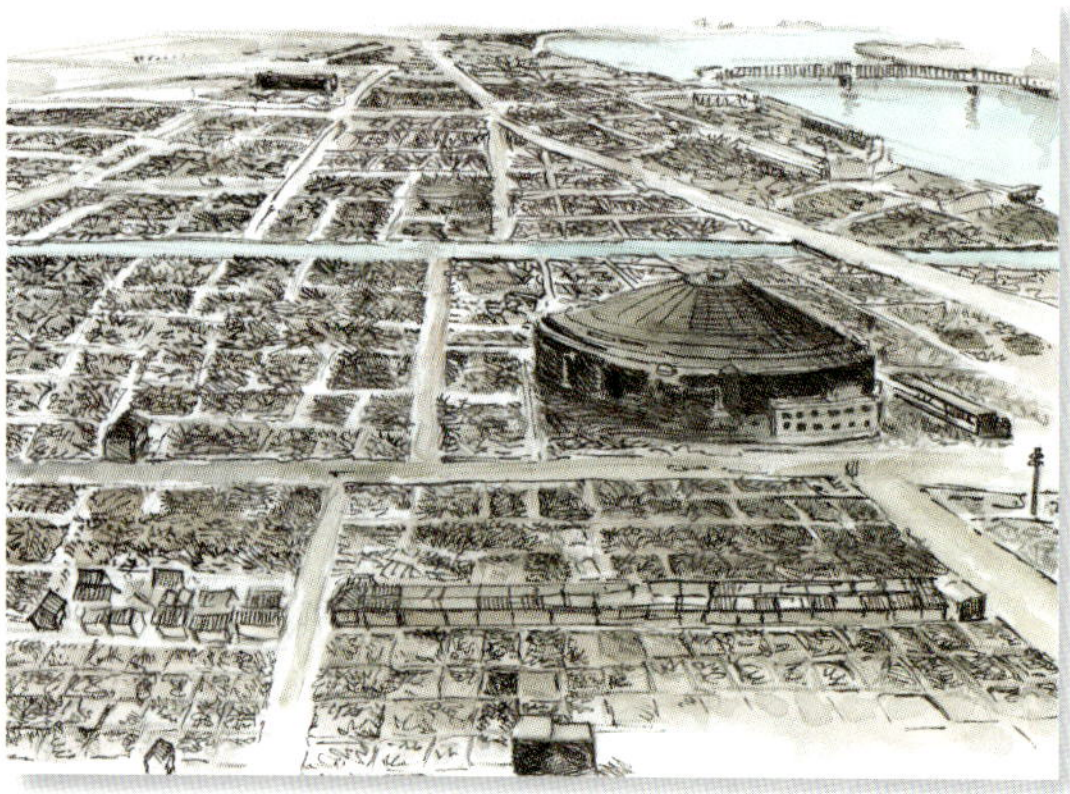

現代社会《げんだいしゃかい》がこうなっているのか、その理由《りゆう》がよく見《み》えてきます。

日本《にほん》の歴史《れきし》は小学校《しょうがっこう》や中学校《ちゅうがっこう》で勉強《べんきょう》しますが、第二次世界大戦《だいにじせかいたいせん》まで来《く》ると時間切《じかんぎ》れで、戦後《せんご》の歴史《れきし》をしっかり学《まな》ぶことは少《すく》ないのが現状《げんじょう》です。これでは現代《げんだい》のことがわかりません。そこで、この本《ほん》の出番《でばん》です。

全部《ぜんぶ》で8巻《かん》のこの本《ほん》は、学校《がっこう》で習《なら》うことの少《すく》ない現代《げんだい》の歴史《れきし》を取《と》り上《あ》げています。若《わか》い人《ひと》たちに歴史《れきし》を知《し》ってほしいと願《ねが》う漫画家《まんがか》たちが、挿絵《さしえ》を描《えが》いてくれました。わかりやすく読《よ》み進《すす》めば現代《げんだい》の日本《にほん》と世界《せかい》が見《み》えてくるはずです。

最初《さいしょ》の4巻《かん》は、昭和《しょうわ》の時代《じだい》、残《のこ》り4巻《かん》は平成《へいせい》の時代《じだい》を扱《あつか》っています。読《よ》み物《もの》として読《よ》んでもいいし、調《しら》べ学習《がくしゅう》にも使《つか》えます。過去《かこ》の失敗《しっぱい》と成功《せいこう》を学《まな》ぶことで、よりよい未来《みらい》は築《きず》けます。未来《みらい》の日本《にほん》と世界《せかい》を支《ささ》えることになるあなたに読《よ》んでほしいのです。

ジャーナリスト
池上《いけがみ》 彰《あきら》

この本《ほん》のつかい方《かた》

池上解説　池上彰《いけがみあきら》先生《せんせい》からのワンポイント解説《かいせつ》。読《よ》むと本文《ぶん》の内容《ないよう》がよくわかります。

各《かく》パートごとのテーマを見出《みだ》しとしてあらわしています。

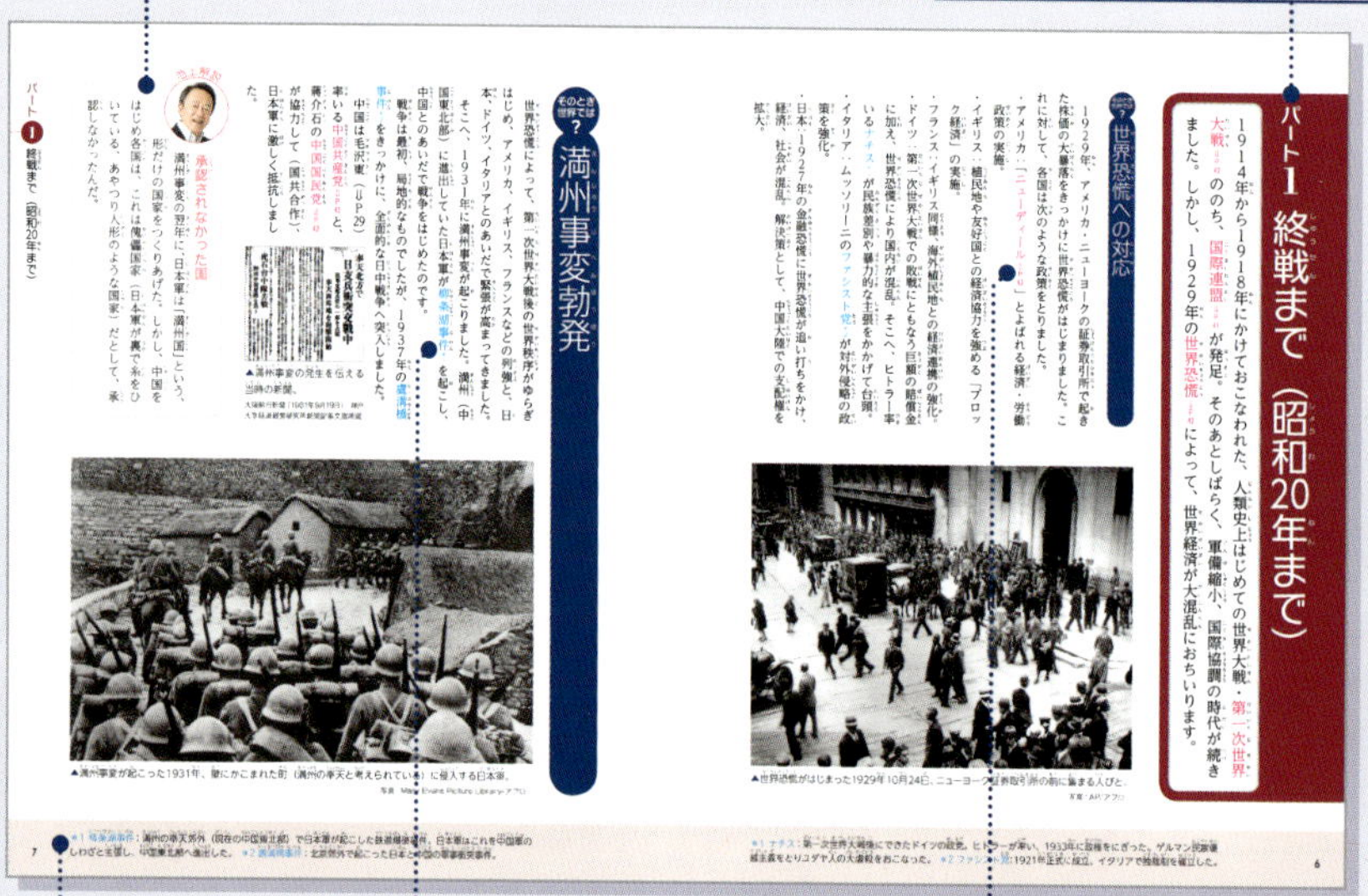

水色《みずいろ》の言葉《ことば》は、そのページの下《した》に説明《せつめい》があります。

ピンク色《いろ》の言葉《ことば》は、41ページからの用語集《ようごしゅう》にくわしい説明《せつめい》があります。

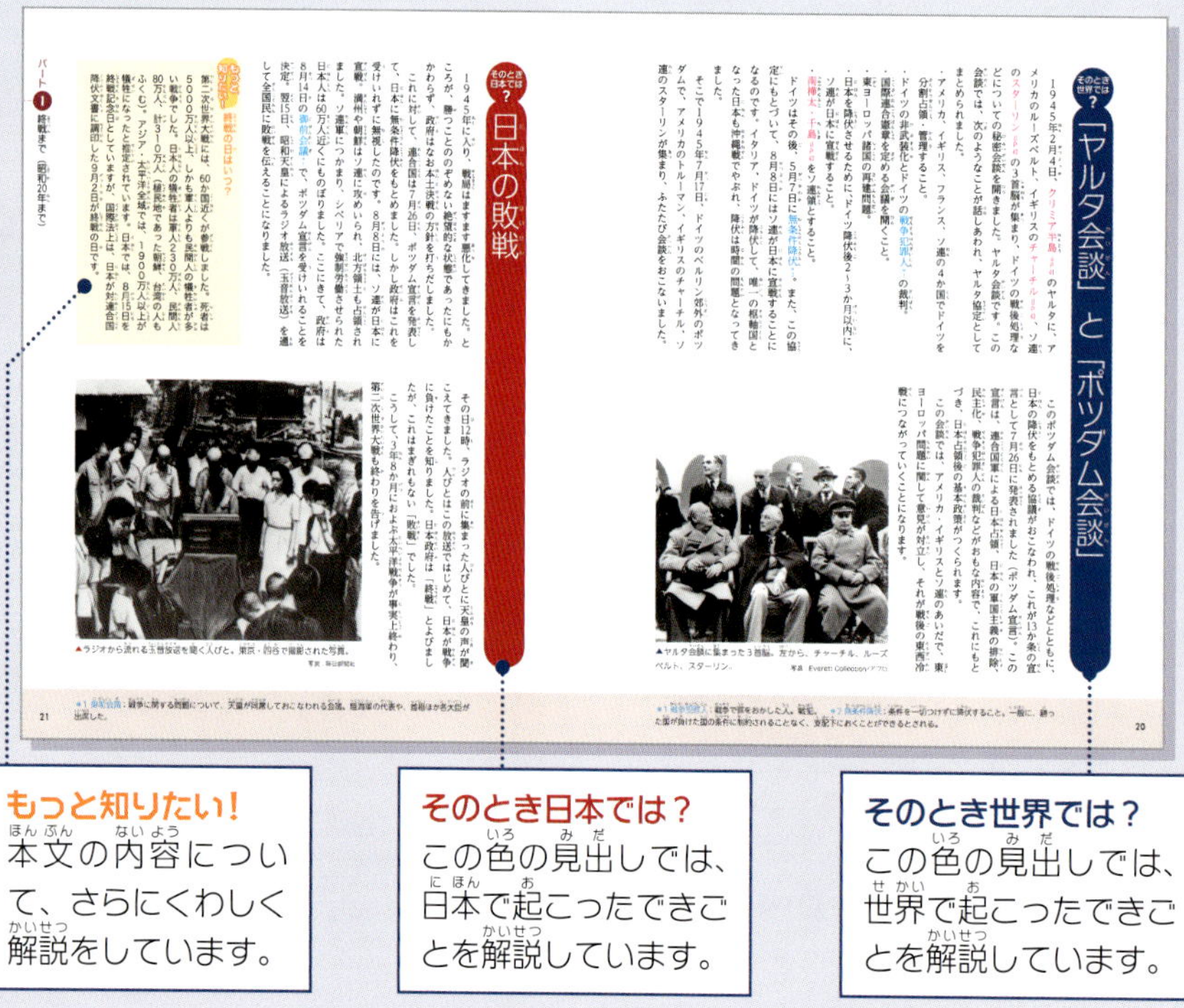

もっと知りたい！
本文《ほんぶん》の内容《ないよう》について、さらにくわしく解説《かいせつ》をしています。

そのとき日本では？
この色《いろ》の見出《みだ》しでは、日本《にほん》で起《お》こったできごとを解説《かいせつ》しています。

そのとき世界では？
この色《いろ》の見出《みだ》しでは、世界《せかい》で起《お》こったできごとを解説《かいせつ》しています。

もくじ

パート1 終戦《しゅうせん》まで（昭和《しょうわ》20年《ねん》まで）

1914年《ねん》から1918年《ねん》にかけておこなわれた、人類史上《じんるいしじょう》はじめての世界大戦《せかいたいせん》・第一次世界大戦《だいいちじせかいたいせん》⇒P42ののち、国際連盟《こくさいれんめい》⇒P41が発足《ほっそく》。そのあとしばらく、軍備縮小《ぐんびしゅくしょう》、国際協調《こくさいきょうちょう》の時代《じだい》が続《つづ》きました。しかし、1929年《ねん》の世界恐慌《せかいきょうこう》⇒P42によって、世界経済《せかいけいざい》が大混乱《だいこんらん》におちいります。

そのとき世界では？

世界恐慌《せかいきょうこう》への対応《たいおう》

1929年《ねん》、アメリカ・ニューヨークの証券取引所《しょうけんとりひきじょ》で起《お》きた株価《かぶか》の大暴落《だいぼうらく》をきっかけに世界恐慌《せかいきょうこう》がはじまりました。これに対《たい》して、各国《かっこく》は次《つぎ》のような政策《せいさく》をとりました。

- アメリカ：「ニューディール⇒P43」とよばれる経済《けいざい》・労働《ろうどう》政策《せいさく》の実施《じっし》。
- イギリス：植民地《しょくみんち》や友好国《ゆうこうこく》との経済協力《けいざいきょうりょく》を強《つよ》める「ブロック経済《けいざい》」の実施《じっし》。
- フランス：イギリス同様《どうよう》、海外植民地《かいがいしょくみんち》との経済連携《けいざいれんけい》の強化《きょうか》。
- ドイツ：第一次世界大戦《だいいちじせかいたいせん》での敗戦《はいせん》にともなう巨額《きょがく》の賠償金《ばいしょうきん》に加《くわ》え、世界恐慌《せかいきょうこう》により国内《こくない》が混乱《こんらん》。そこへ、ヒトラー率《ひき》いるナチス*1が民族差別《みんぞくさべつ》や暴力的《ぼうりょくてき》な主張《しゅちょう》をかかげて台頭《たいとう》。
- イタリア：ムッソリーニのファシスト党《とう》*2が対外侵略《たいがいしんりゃく》の政《せい》策《さく》を強化《きょうか》。
- 日本《にほん》：1927年《ねん》の金融恐慌《きんゆうきょうこう》に世界恐慌《せかいきょうこう》が追《お》い打《う》ちをかけ、経済《けいざい》、社会《しゃかい》が混乱《こんらん》。解決策《かいけつさく》として、中国大陸《ちゅうごくたいりく》での支配権《しはいけん》を拡大《かくだい》。

▲世界恐慌《せかいきょうこう》がはじまった1929年《ねん》10月《がつ》24日《か》、ニューヨーク証券取引所《しょうけんとりひきじょ》の前《まえ》に集《あつ》まる人《ひと》びと。

写真：AP/アフロ

*1 ナチス：第一次世界大戦後《だいいちじせかいたいせんご》にできたドイツの政党《せいとう》。ヒトラーが率《ひき》い、1933年《ねん》に政権《せいけん》をにぎった。ゲルマン民族優《みんぞくゆう》越主義《えつしゅぎ》をとりユダヤ人《じん》の大虐殺《だいぎゃくさつ》をおこなった。 *2 ファシスト党《とう》：1921年正式《ねんせいしき》に成立《せいりつ》。イタリアで独裁制《どくさいせい》を確立《かくりつ》した。

そのとき世界では？

満州事変勃発《まんしゅうじへんぼっぱつ》

世界恐慌《せかいきょうこう》によって、第一次世界大戦後《だいいちじせかいたいせんご》の世界秩序《せかいちつじょ》がゆらぎはじめ、アメリカ、イギリス、フランスなどの列強《れっきょう》と、日本《にほん》、ドイツ、イタリアとのあいだで緊張《きんちょう》が高《たか》まってきました。

そこへ、1931年《ねん》に満州事変《まんしゅうじへん》が起《お》こりました。満州《まんしゅう》（中国東北部《ちゅうごくとうほくぶ》）に進出《しんしゅつ》していた日本軍《にほんぐん》が柳条湖事件《リウティアオフーじけん》＊1を起《お》こし、中国《ちゅうごく》とのあいだで戦争《せんそう》をはじめたのです。

戦争《せんそう》は最初《さいしょ》、局地的《きょくちてき》なものでしたが、1937年《ねん》の盧溝橋事件《ルーコウチアオじけん》＊2をきっかけに、全面的《ぜんめんてき》な日中戦争《にっちゅうせんそう》へ突入《とつにゅう》しました。

中国《ちゅうごく》は毛沢東《マオツォトン》（⇒P29）率《ひき》いる中国共産党《ちゅうごくきょうさんとう》⇒P43と、蔣介石《チャンチェシー》の中国国民党《ちゅうごくこくみんとう》⇒P43が協力《きょうりょく》して（国共合作《こっきょうがっさく》）、日本軍《にほんぐん》に激《はげ》しく抵抗《ていこう》しました。

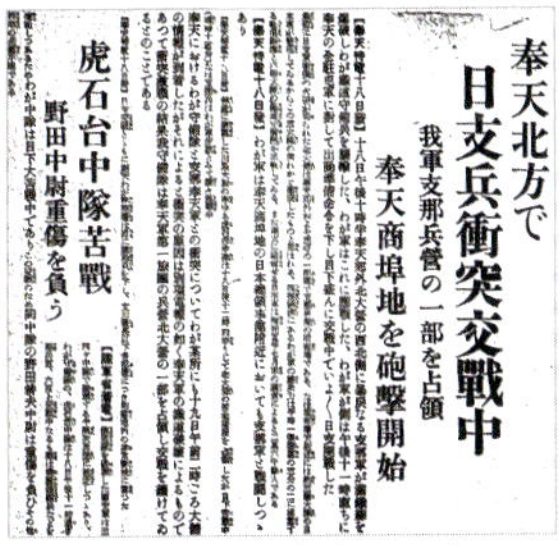
奉天北方で
日支兵衛突交戦中
我軍支那兵営の一部を占領
奉天商埠地を砲撃開始
虎石台中隊苦戦
野田中尉重傷を負う

▲満州事変《まんしゅうじへん》の発生《はっせい》を伝《つた》える当時《とうじ》の新聞《しんぶん》。

大阪朝日新聞（1931年9月19日） 神戸大学経済経営研究所新聞記事文庫所蔵

池上解説

承認《しょうにん》されなかった国《くに》

満州事変《まんしゅうじへん》の翌年《よくねん》に、日本軍《にほんぐん》は「満州国《まんしゅうこく》」という、形《かたち》だけの国家《こっか》をつくりあげた。しかし、中国《ちゅうごく》をはじめ各国《かっこく》は、これは傀儡国家《かいらいこっか》（日本軍《にほんぐん》が裏《うら》で糸《いと》をひいている、あやつり人形《にんぎょう》のような国家《こっか》）だとして、承認《しょうにん》しなかったんだ。

▲満州事変《まんしゅうじへん》が起《お》こった1931年《ねん》、壁《かべ》にかこまれた町《まち》（満州《まんしゅう》の奉天《フォンティエン》と考えられている）に侵入《しんにゅう》する日本軍《にほんぐん》。

写真：Mary Evans Picture Library/アフロ

＊1 柳条湖事件《リウティアオフーじけん》：満州《まんしゅう》の奉天郊外《フォンティエンこうがい》（現在《げんざい》の中国東北部《ちゅうごくとうほくぶ》）で日本軍《にほんぐん》が起《お》こした鉄道爆破事件《てつどうばくはじけん》。日本軍《にほんぐん》はこれを中国軍《ちゅうごくぐん》のしわざと主張《しゅちょう》し、中国東北部《ちゅうごくとうほくぶ》へ進出《しんしゅつ》した。＊2 盧溝橋事件《ルーコウチアオじけん》：北京郊外《ペキンこうがい》で起《お》こった日本《にほん》と中国《ちゅうごく》の軍事衝突事件《ぐんじしょうとつじけん》。

そのとき世界では？

第二次世界大戦勃発《だいにじせかいたいせんぼっぱつ》

1939年《ねん》9月《がつ》、ドイツが突如《とつじょ》ポーランドに攻《せ》めこみました。これに対《たい》し、イギリス、フランスがドイツに宣戦布告《せんせんふこく》*1。ここに、第二次世界《だいにじせかい》大戦《たいせん》がはじまりました。

1940年《ねん》には、イタリアがドイツ側《がわ》について参戦《さんせん》して、ヨーロッパ全体《ぜんたい》をまきこむ大規模《だいきぼ》な戦争《せんそう》となりました。

第二次世界大戦中《だいにじせかいたいせんちゅう》のヨーロッパ

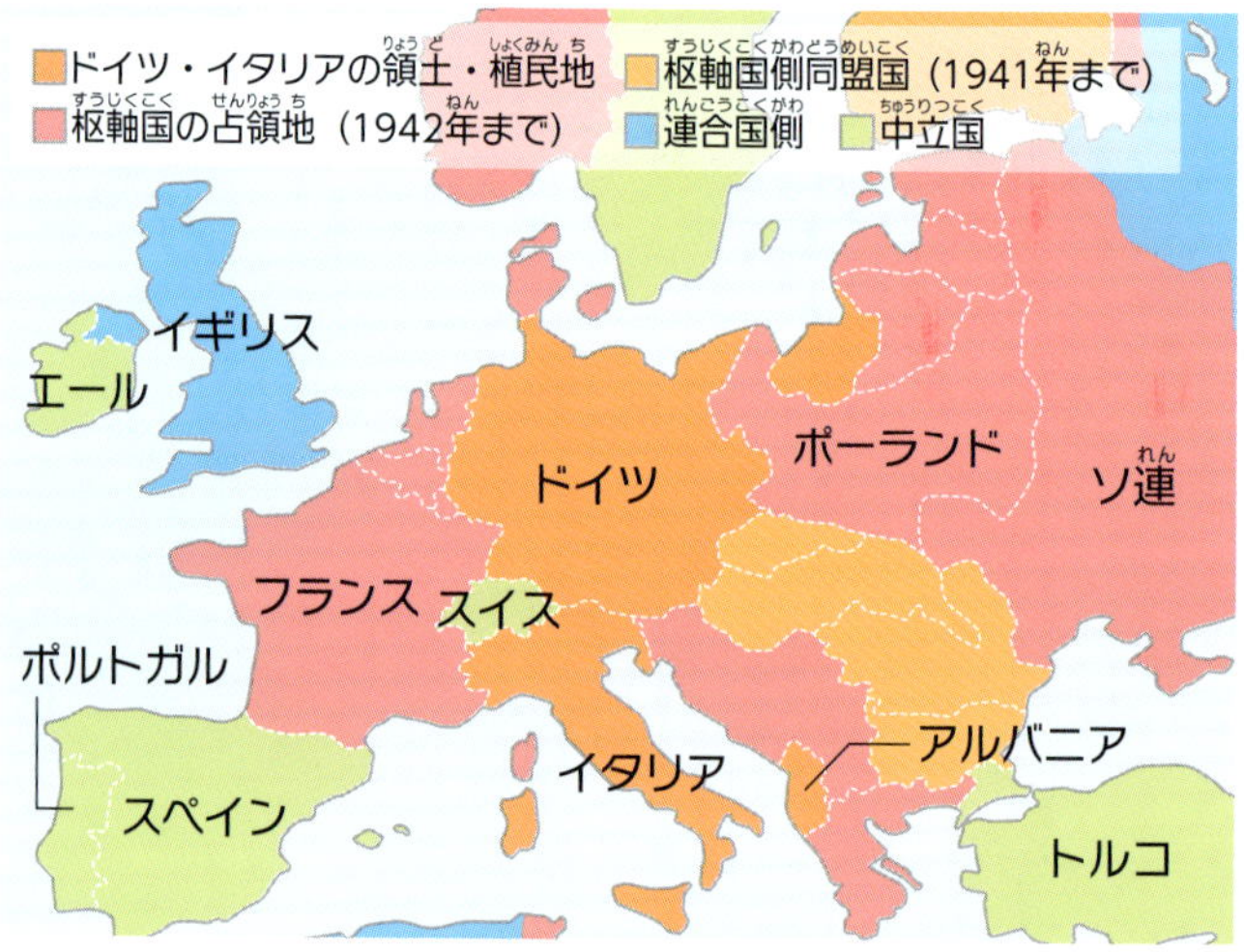

『新編新しい社会　歴史』（東京書籍、2011年）より作成

池上解説

第二次世界大戦《だいにじせかいたいせん》の拡大《かくだい》

第二次世界大戦《だいにじせかいたいせん》は最初《さいしょ》、ヨーロッパ地域《ちいき》での戦争《せんそう》だった。そこへ1941年《ねん》に、日本《にほん》がアメリカ、イギリスに宣戦《せんせん》して、全世界《ぜんせかい》をまきこむ大戦《たいせん》へと拡大《かくだい》していったんだよ。

▲ポーランド侵攻《しんこう》をおこなったドイツ軍《ぐん》を率《ひき》いる、ナチスの指導者《しどうしゃ》ヒトラー。

写真：AP/アフロ

*1 宣戦布告《せんせんふこく》：相手《あいて》の国《くに》に対《たい》して、戦争《せんそう》をはじめる意志《いし》を宣言《せんげん》すること。

そのとき日本では？

太平洋戦争《たいへいようせんそう》はじまる

一方《いっぽう》、1941年《ねん》12月8日《がつようか》（日《に》本時間《ほんじかん》）に、日本海軍《にほんかいぐん》がアメリカ・ハワイ島《とう》の真珠湾《しんじゅわん》*1を攻撃《こうげき》。太平《たいへい》洋戦争《ようせんそう》がはじまりました。

この日《ひ》、日本《にほん》は午後《ごご》1時《じ》に、アメリカに「宣戦布告《せんせんふこく》」の文書《ぶんしょ》をわたし、ただちに攻撃《こうげき》を開始《かいし》する計画《けいかく》になっていました。しかし、その手続《てつづ》きがおくれ、結果《けっか》として「奇《き》襲攻撃《しゅうこうげき》*2」になってしまいました。

こうして日本《にほん》、ドイツ、イタリアの枢軸国対《すうじくこくたい》、アメリカ、イギリス、フランスなどの連合国《れんごうこく》とのあいだで、人類史上二度目《じんるいしじょうにどめ》の世界大《せかいたい》戦《せん》がはじまったのです。

太平洋《たいへいよう》の状況《じょうきょう》

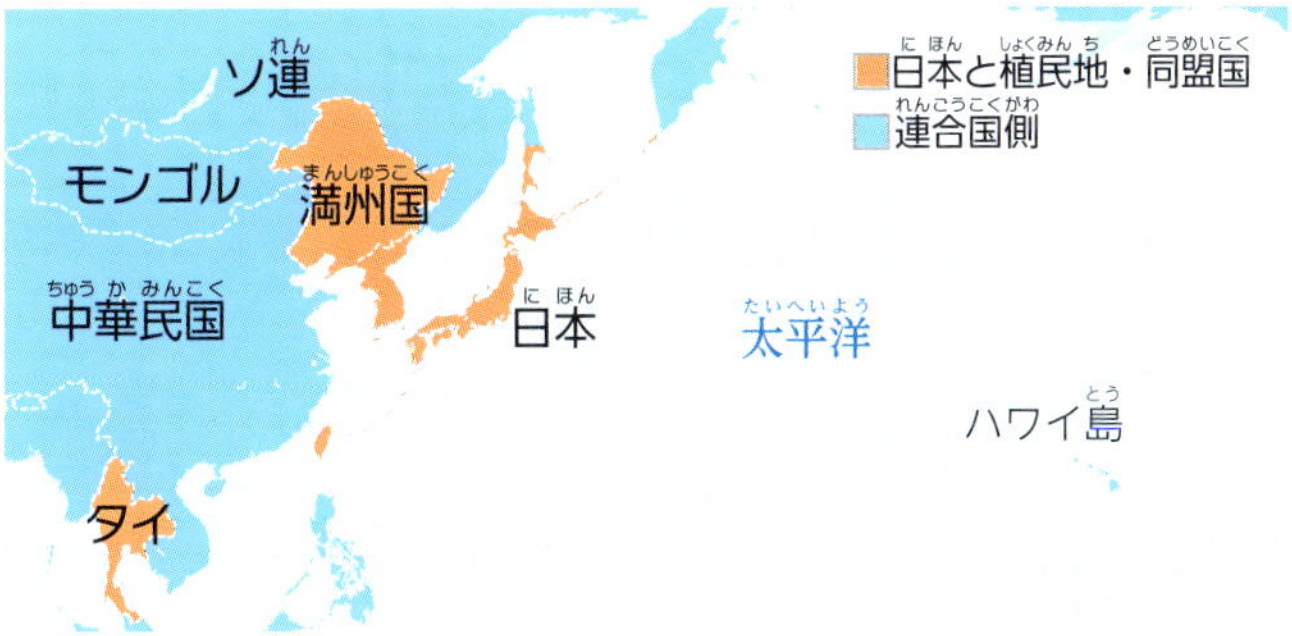

『新編新しい社会　歴史』（東京書籍、2011年）より作成

池上解説

戦争《せんそう》するにもルールがあるよ

1907年《ねん》のハーグ条約《じょうやく》⇒P43で、戦争《せんそう》をはじめる場合《ばあい》は、事前《じぜん》に相手国《あいてこく》に通告《つうこく》することが決《き》められていた。真珠湾攻撃《しんじゅわんこうげき》では、日本《にほん》の通告《つうこく》が事後《じご》になったために、「奇襲《きしゅう》」「不意打《ふいう》ち」といわれたんだ。

▲日本《にほん》の真珠湾攻撃《しんじゅわんこうげき》により炎上《えんじょう》するアメリカの軍艦《ぐんかん》。

写真：AP/アフロ

＊1 真珠湾《しんじゅわん》：パール・ハーバーともよばれる、ハワイのオアフ島《とう》にある入《い》り江《え》。アメリカ軍《ぐん》の軍事拠点《ぐんじきょてん》となっていた。
＊2 奇襲攻撃《きしゅうこうげき》：宣戦布告《せんせんふこく》をおこなわず、敵《てき》の意表《いひょう》をついて突然《とつぜん》おこなう攻撃《こうげき》。

そのとき日本では？

国《くに》をあげての戦争《せんそう》へ

太平洋戦争《たいへいようせんそう》以前《いぜん》の日中戦争《にっちゅうせんそう》のころから、日本政府《にほんせいふ》は戦時体制《せんじたいせい》をちゃくちゃくと準備《じゅんび》していました。

国家総動員法《こっかそうどういんほう》＊1によって、戦争《せんそう》を続《つづ》けていくための資金《しきん》、資材《しざい》、労働力《ろうどうりょく》を国《くに》が自由《じゆう》につかえる体制《たいせい》をつくりました。この法律《ほうりつ》にもとづいて、国民徴用令《こくみんちょうようれい》など、戦争《せんそう》にむけた統制令《とうせいれい》を次《つぎ》つぎに打《う》ちだし、物資《ぶっし》の生産《せいさん》を軍需《ぐんじゅ》＊2関係中心《かんけいちゅうしん》にしていきました。その結果《けっか》、食料品《しょくりょうひん》、日用品《にちようひん》の生産《せいさん》はあとまわしにされました。

すでに米《こめ》やみそ、しょうゆ、木綿《もめん》などは配給制《はいきゅうせい》＊3になっていましたが、これらの生活必需品《せいかつひつじゅひん》の生産量《せいさんりょう》がさらに減《へ》ることで、人《ひと》びとのくらしは深刻《しんこく》になっていきました。

1940年《ねん》には、国民《こくみん》を戦争《せんそう》に協力《きょうりょく》させるための全国組織《ぜんこくそしき》である大政翼賛会《たいせいよくさんかい》⇒P42を設立《せつりつ》。これによって、町内会《ちょうないかい》や隣組《となりぐみ》が、配給《はいきゅう》、防空《ぼうくう》・防火演習《ぼうかえんしゅう》、金属回収《きんぞくかいしゅう》、出征兵士《しゅっせいへいし》の見送《みおく》りなどの役割《やくわり》をはたすようになりました。

こうして、国《くに》をあげて戦争《せんそう》へとつきすすんでいきました。

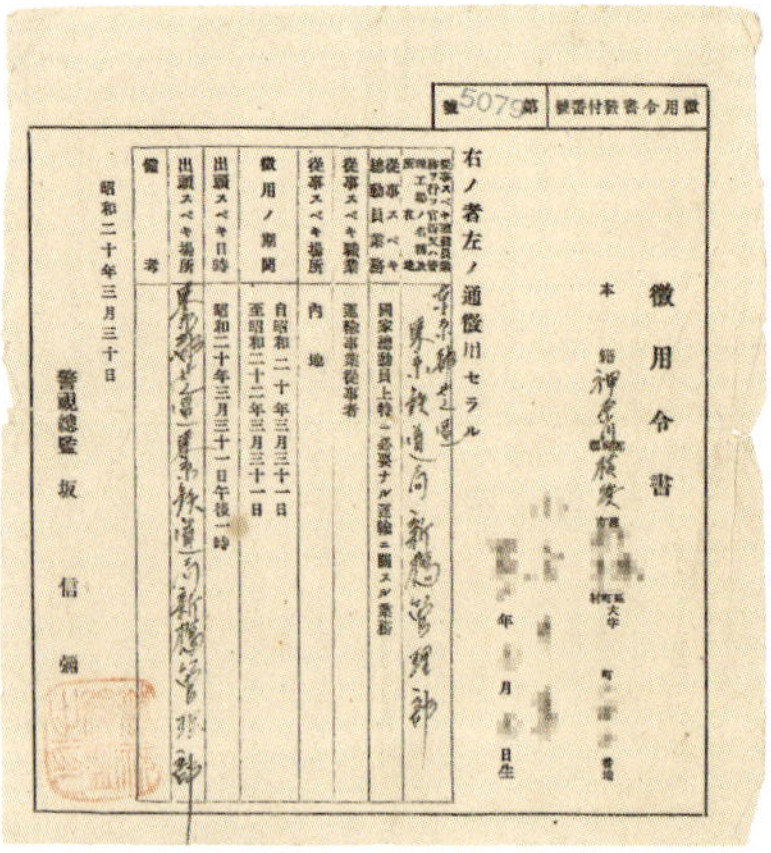

▲徴用令書《ちょうようれいしょ》。これにより、国《くに》が決めた仕事《しごと》に国民《こくみん》を従事《じゅうじ》させた。

地球市民かながわプラザ所蔵

▲男性《だんせい》が徴兵《ちょうへい》されたため、女性《じょせい》も「女子挺身隊《じょしていしんたい》」として工場《こうじょう》などの労働力《ろうどうりょく》に動員《どういん》された。

写真：毎日新聞社

＊1 国家総動員法《こっかそうどういんほう》：1938年《ねん》制定《せいてい》。政府《せいふ》が人的《じんてき》・物的《ぶってき》資源《しげん》を統制《とうせい》し、戦争《せんそう》のために自由《じゆう》に運用《うんよう》できることを定《さだ》めた法律《ほうりつ》。終戦《しゅうせん》により廃止《はいし》。

▲「ゲゲゲの鬼太郎《きたろう》」などで知《し》られるマンガ家水木《かみずき》しげるさんが、当時《とうじ》を思《おも》いだしてえがいた自画像《じがぞう》（右《みぎ》）と自身《じしん》の兄《あに》（左《ひだり》）。水木《みずき》さんは兵士《へいし》として太平洋《たいへいよう》のラバウルへ送《おく》られ、激《はげ》しい爆撃《ばくげき》で左腕《ひだりうで》を失《うしな》った。 ©水木プロ

＊2 軍需《ぐんじゅ》：軍隊《ぐんたい》が必要《ひつよう》とすること、またはその品《しな》じな。武器《ぶき》や弾薬《だんやく》のほか、軍隊用《ぐんたいよう》の食料品《しょくりょうひん》や被服《ひふく》などさまざまな物資《ぶっし》がふくまれる。 ＊3 配給制《はいきゅうせい》：日常生活《にちじょうせいかつ》に必要《ひつよう》なもので、数《かず》が十分《じゅうぶん》にない場合《ばあい》に、数《かず》を決《き》めて配《くば》る制度《せいど》。

そのとき日本では？

戦時中《せんじちゅう》のくらし

戦争《せんそう》が長引《ながび》くにつれて、政府《せいふ》はさらに統制《とうせい》を強《つよ》めていきました。

言論《げんろん》、出版《しゅっぱん》の面《めん》では、治安維持法《ちあんいじほう》⇒P42による取《と》り締《し》まりの範囲《はんい》を広《ひろ》げるとともに、新聞《しんぶん》、出版《しゅっぱん》の検閲《けんえつ》＊1をいっそう徹底《てってい》しました。日本文学報国会《にほんぶんがくほうこくかい》という団体《だんたい》は、戦争協力《せんそうきょうりょく》のために作家《さっか》などを戦地《せんち》に派遣《はけん》。政府《せいふ》・軍部《ぐんぶ》に都合《つごう》のよい記事《きじ》を書《か》かせました。

情報統制《じょうほうとうせい》によって、国民《こくみん》は戦争《せんそう》がどうなっているのかも知《し》らされず、ラジオから流《なが》れてくる大本営発表《だいほんえいはっぴょう》＊2をただ信《しん》じるしかありませんでした。

赤紙《あかがみ》とよばれた召集令状《しょうしゅうれいじょう》で多《おお》くの男性《だんせい》が戦場《せんじょう》にかりだされたために、工場《こうじょう》では労働力不足《ろうどうりょくぶそく》になり、中学生以上《ちゅうがくせいいじょう》の男女《だんじょ》を対象《たいしょう》に勤労動員《きんろうどういん》⇒P41がおこなわれました。文系《ぶんけい》の大学生《だいがくせい》たちの学徒出陣《がくとしゅつじん》⇒P41もはじまりました。

▲1943年《ねん》、東京《とうきょう》の国会議事堂前《こっかいぎじどうまえ》。食料《しょくりょう》が不足《ふそく》しているため、あらゆる場所《ばしょ》で耕作《こうさく》がおこなわれた。

写真：毎日新聞社

町《まち》には、「ほしがりません、勝《か》つまでは」「ぜいたくは敵《てき》だ」「鬼畜米英《きちくべいえい》」など、節約《せつやく》や戦意《せんい》高揚《こうよう》のためのポスターがあふれ、子《こ》どもむけ雑誌《ざっし》は戦争一色《せんそういっしょく》でうめつくされました。

戦争末期《せんそうまっき》には各地《かくち》で空襲《くうしゅう》が激《はげ》しくなり、学童疎開《がくどうそかい》⇒P41がおこなわれるようになりました。

こうして、社会《しゃかい》からは自由《じゆう》がうばわれ、食料不足《しょくりょうぶそく》、もの不足《ぶそく》によって、生活《せいかつ》の苦《くる》しさは極限《きょくげん》に達《たっ》しました。国民《こくみん》のあいだには、戦争終結《せんそうしゅうけつ》をのぞむ気分《きぶん》がただよいはじめていました。

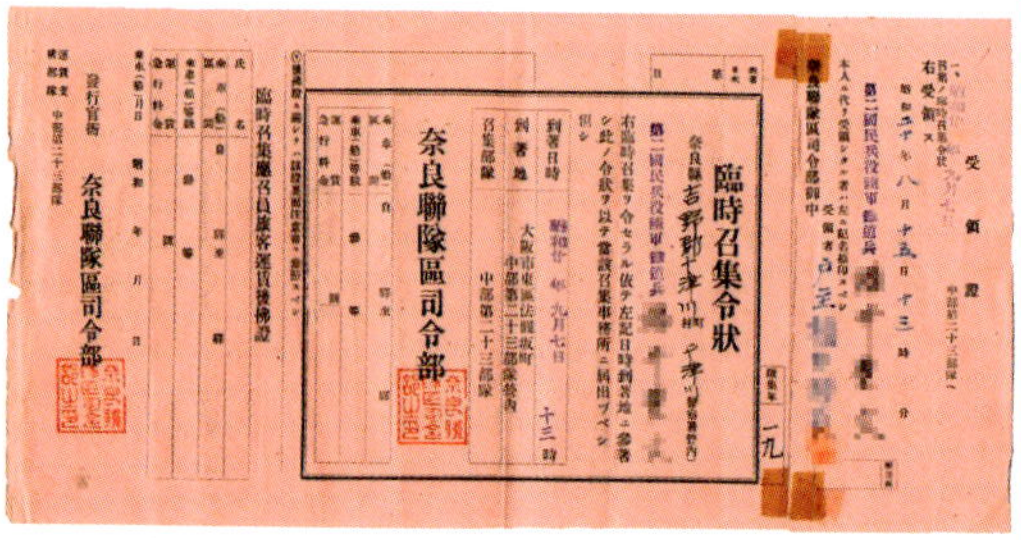

▲兵士《へいし》として戦地《せんち》にむかうことを国民《こくみん》に命《めい》じた召集令状《しょうしゅうれいじょう》（赤紙《あかがみ》）。

奈良県立図書情報館所蔵

池上解説

戦争《せんそう》マンガのはたした役割《やくわり》

子《こ》どもむけマンガも戦争《せんそう》に協力《きょうりょく》させられた。「翼賛《よくさん》マンガ」とよばれるマンガが次《つぎ》つぎと発《はっ》行《こう》され、「代用食《だいようしょく》」「すいとん」「ほしがりません、勝《か》つまでは」などの流行語《りゅうこうご》を題材《だいざい》にしたマンガ絵《え》はがきも売《う》りだされたんだ。マンガ家《か》にとっても、自由《じゆう》にマンガをかけない時代《じだい》だったんだね。

＊1 検閲《けんえつ》：国家《こっか》などが、新聞《しんぶん》や出版物《しゅっぱんぶつ》、放送《ほうそう》などの内容《ないよう》を検査《けんさ》し、不都合《ふつごう》なものを規制《きせい》すること。＊2 大本営発表《だいほんえいはっぴょう》：大本営《だいほんえい》（戦争《せんそう》の際《さい》、天皇《てんのう》の直属《ちょくぞく》で日本《にほん》の陸海軍《りくかいぐん》を指揮《しき》・管理《かんり》した機関《きかん》）による、戦争《せんそう》の状況《じょうきょう》に関《かん》する発表《はっぴょう》。

そのとき日本では？

B《ビー》29爆撃機《ばくげきき》による空襲《くうしゅう》

太平洋戦争《たいへいようせんそう》がはじまってまだ半年《はんとし》もたたない1942年《ねん》4月《がつ》18日《にち》、アメリカのB《ビー》25爆撃機《ばくげきき》16機《き》が東京上空《とうきょうじょうくう》に飛来《ひらい》して、爆弾《ばくだん》を投下《とうか》しました。これが、はじめての東京空襲《とうきょうくうしゅう》です。その後《ご》しばらくは空襲《くうしゅう》がありませんでした。

しかし、アメリカは、太平洋《たいへいよう》で日本軍《にほんぐん》が占領《せんりょう》していたサイパン島《とう》、テニアン島《とう》、グアム島《とう》を次《つぎ》つぎに奪回《だっかい》して、この3島《とう》に7つの飛行場《ひこうじょう》をつくりはじめました。B《ビー》29*1の航続距離《こうぞくきょり》ならば、そこから日本《にほん》への往復《おうふく》が可能《かのう》だったのです。マリアナ基地《きち》には約《やく》1000機《き》のB《ビー》29が配備《はいび》されて、そこから日本《にほん》への空襲《くうしゅう》がひんぱんにおこなわれるようになりました。

アメリカ軍《ぐん》は最初《さいしょ》、東京《とうきょう》、川崎《かわさき》、横浜《よこはま》、名古屋《なごや》、大阪《おおさか》、神《こう》戸《べ》の6都市《とし》をおもな攻撃目標《こうげきもくひょう》にしていましたが、やがてほかの中小都市《ちゅうしょうとし》にも空襲《くうしゅう》の対象《たいしょう》を広《ひろ》げていきました。東京《とうきょう》では、1944年《ねん》11月《がつ》、B《ビー》29による飛行機工場《ひこうきこうじょう》への爆撃《ばくげき》をはじめとして、その後《ご》、空襲《くうしゅう》がくりかえされました。

最初《さいしょ》、アメリカ軍《ぐん》の攻撃目標《こうげきもくひょう》は軍需工場《ぐんじゅこうじょう》や軍事関連施設《ぐんじかんれんしせつ》でしたが、やがて高性能《こうせいのう》の焼夷弾《しょういだん》をつかって市街地《しがいち》、住宅地《じゅうたくち》を爆撃《ばくげき》する、いわゆる無差別《むさべつ》じゅうたん爆撃《ばくげき》*2に移《うつ》っていきます。これは、はたらく人《ひと》たちが多《おお》く住《す》む住宅地《じゅうたくち》を無差別《むさべつ》に爆《ばく》撃《げき》して、労働力不足《ろうどうりょくぶそく》になることをねらうのと同時《どうじ》に、戦争《せんそう》を続《つづ》けていく意欲《いよく》を国民《こくみん》から失《うしな》わせることが目的《もくてき》でした。

▲富士山上空《ふじさんじょうくう》を飛行《ひこう》するB《ビー》29(1945年《ねん》)。 IZU PHOTO MUSEUM所蔵

池上解説

日本攻撃《にほんこうげき》のための焼夷弾《しょういだん》

落《お》ちると激《はげ》しく燃《も》える焼夷弾《しょういだん》は、日本《にほん》への攻《こう》撃《げき》のため、太平洋戦争《たいへいようせんそう》がはじまってからアメリカが急《いそ》いで開発《かいはつ》したんだ。火事《かじ》を起《お》こして、木《き》と紙《かみ》でできた日本《にほん》の住宅《じゅうたく》に大《おお》きな被害《ひがい》をあたえるためだよ。

*1 B《ビー》29：アメリカ製《せい》の大型爆撃機《おおがたばくげきき》。第二次世界大戦中《だいにじせかいたいせんちゅう》、日本《にほん》への攻撃《こうげき》につかわれた。
*2 無差別《むさべつ》じゅうたん爆撃《ばくげき》：多《おお》くの爆弾《ばくだん》をつかい、じゅうたんをしきつめるように地域一帯《ちいきいったい》を爆撃《ばくげき》すること。

もっと知りたい！

東京大空襲《とうきょうだいくうしゅう》と各地《かくち》の空襲《くうしゅう》

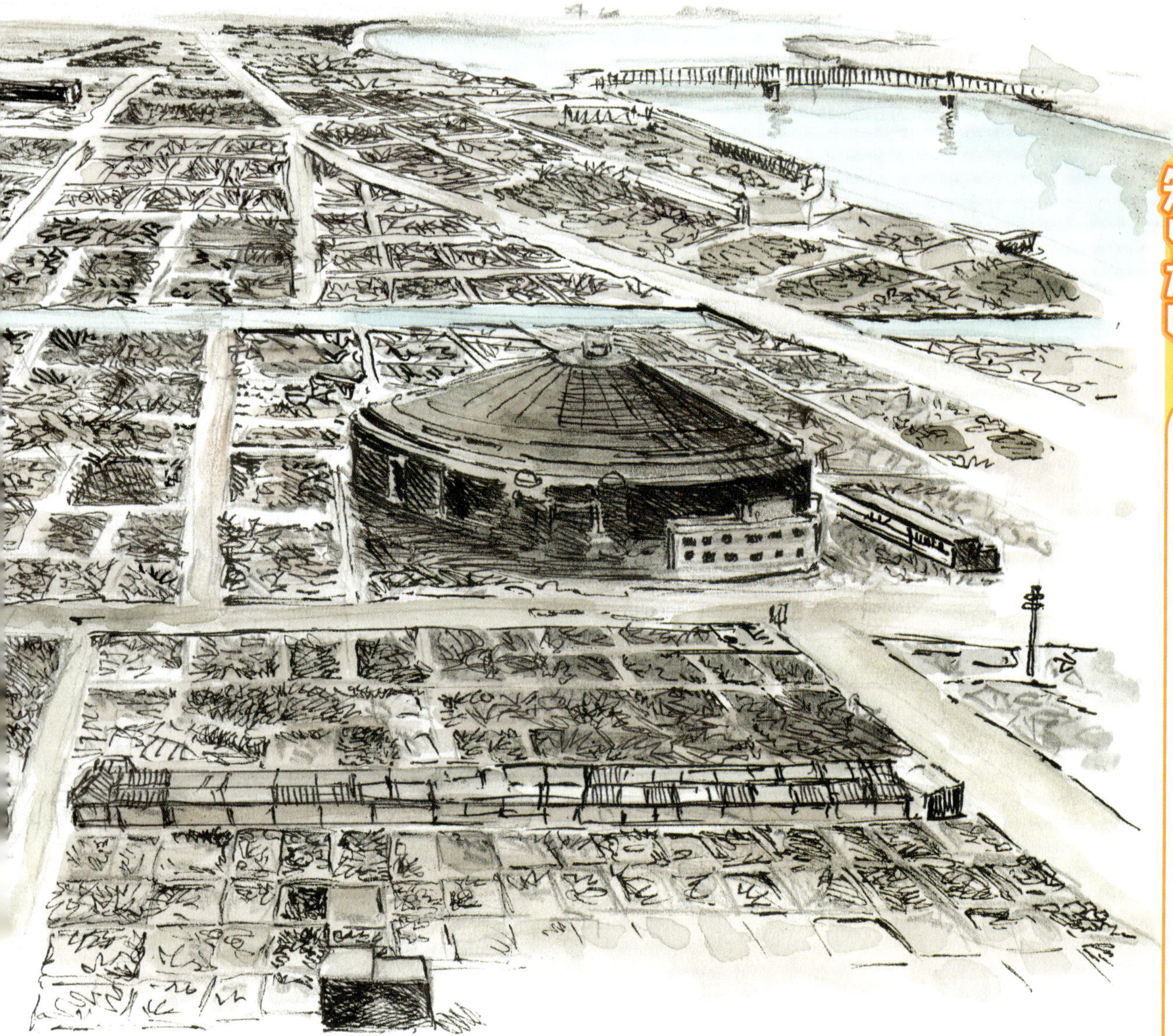

1945年《ねん》3月《がつ》9日《ここのか》夜半《やはん》から10日《とおか》未明《みめい》にかけて、約《やく》300機《き》のB《ビー》29が東京《とうきょう》に襲来《しゅうらい》。下町《したまち》一帯《いったい》（現在《げんざい》の江東区《こうとうく》、墨田区《すみだく》、台東区《たいとうく》）を大《だい》規模《きぼ》爆撃《ばくげき》しました。

33万発《まんぱつ》、1665トンともいわれる大量《たいりょう》の焼夷弾《しょういだん》によって下町《したまち》は火《ひ》の海《うみ》となり、ありとあらゆるものが焼《や》きつくされました。折《おり》からの突風《とっぷう》がいっそう火勢《かせい》を強《つよ》め、人《ひと》びとは炎《ほのお》のなかを逃《に》げまどい、次《つぎ》つぎと倒《たお》れていきました。川《かわ》ににげこんで水死《すいし》する人《ひと》も多《おお》くいました。2時間半《じかんはん》あまりの空襲《くうしゅう》で下町《したまち》は完全《かんぜん》に焼《や》け野原《のはら》となりました。

推定《すいてい》では、約《やく》10万人《まんにん》の人《ひと》びとが亡《な》くなり、焼失家屋《しょうしつかおく》は約《やく》27万戸《まんこ》、罹災者《りさいしゃ》は約《やく》100万人《まんにん》とされています。短時間《たんじかん》の戦闘《せんとう》・爆撃《ばくげき》でこれほど多《おお》くの民間人《みんかんじん》*1が犠牲《ぎせい》になったのは、広島《ひろしま》の原爆《げんばく》につぐ規模《きぼ》です。

さらに5月《がつ》24日《か》、25日《にち》の2日間《ふつかかん》にも大規模《だいきぼ》な空襲《くうしゅう》を受《う》け、山《やま》の手《て》*2一帯《いったい》に、3月10日《がつとおか》東京大空襲《とうきょうだいくうしゅう》の2倍《ばい》ともいわれる爆弾《ばくだん》・焼夷弾《しょういだん》が落《お》とされ、東京《とうきょう》の市街地《しがいち》の約半分《やくはんぶん》が焼失《しょうしつ》しました。

*1 民間人《みんかんじん》：軍隊《ぐんたい》に所属《しょぞく》しない一般《いっぱん》の人《ひと》びと。 *2 山《やま》の手《て》：下町《したまち》に対《たい》して、高台《たかだい》にある地域《ちいき》を一般的《いっぱんてき》にいう。5月《がつ》24日《か》、25日《にち》の空襲《くうしゅう》では、現在《げんざい》の渋谷区《しぶやく》、新宿区《しんじゅくく》、中野区《なかのく》、目黒区《めぐろく》など幅広《はばひろ》い地域《ちいき》が標的《ひょうてき》になった。

▶1945年《ねん》3月《がつ》10日《とおか》の空襲《くうしゅう》により、東京《とうきょう》の下町一帯《したまちいったい》が焼《や》け野原《のはら》となった。終戦《しゅうせん》を6歳《さい》でむかえた、マンガ家《か》の森田拳次《もりたけんじ》さんによる絵《え》。

このほか終戦《しゅうせん》までに、東京《とうきょう》は１３０回《かい》をこえる空襲《くうしゅう》を受《う》けました。

名古屋《なごや》では、航空機関連《こうくうきかんれん》の軍需工場《ぐんじゅこうじょう》があったことから、たびたび空襲《くうしゅう》を受《う》け、市街地《しがいち》が焼失《しょうしつ》。１９４５年《ねん》５月《がつ》14日《か》の空襲《くうしゅう》では、５００機近《きちか》くのB《ビー》29という、本土空襲史上最《ほんどくうしゅうしじょうさい》高《こう》の機数《きすう》による無差別《むさべつ》じゅうたん爆撃《ばくげき》を受《う》けました。この空襲《くうしゅう》で名古屋城《なごやじょう》は焼失《しょうしつ》しました。

大阪《おおさか》は28回《かい》の空襲《くうしゅう》を受《う》け、それは終戦《しゅうせん》の前日《ぜんじつ》8月《がつ》14日《か》まで続《つづ》きました。

空襲《くうしゅう》を受《う》けたのは大都市《だいとし》ばかりではありません。浜松《はままつ》はアメリカ艦船《かんせん》による艦砲射撃《かんぽうしゃげき》＊1もあわせて、くりかえし空襲《くうしゅう》の目標《もくひょう》になりました。

このほか、約《やく》２００市町村《しちょうそん》が爆撃《ばくげき》され、なかでも67都市《とし》は壊滅的《かいめつてき》な被害《ひがい》を受《う》けました。

B《ビー》29による爆撃《ばくげき》ばかりでなく、戦闘機《せんとうき》の機銃掃射《きじゅうそうしゃ》＊2の犠牲《ぎせい》になった子《こ》どもたちもいました。人《ひと》びとは空襲《くうしゅう》の恐怖《きょうふ》におびえながらくらさなければなりませんでした。

B《ビー》29の出撃回数《しゅつげきかいすう》は３万《まん》３千回《ぜんかい》。落《お》とされた爆弾《ばくだん》・焼夷弾《しょういだん》の量《りょう》は16万《まん》トン。犠牲者《ぎせいしゃ》は60万人《まんにん》ともいわれています。

＊1 艦砲射撃《かんぽうしゃげき》：軍艦《ぐんかん》に積《つ》んだ大砲《たいほう》で射撃《しゃげき》をおこなうこと。 ＊2 機銃掃射《きじゅうそうしゃ》：機関銃《きかんじゅう》で敵《てき》をつづけざまに射撃《しゃげき》すること。

そのとき日本では？

もっとも悲惨《ひさん》な地上戦《ちじょうせん》

１９４４年《ねん》2月《がつ》、アメリカ軍《ぐん》によるトラック島《とう》*1空襲《くうしゅう》。６月《がつ》、７月《がつ》にはマリアナ沖海戦《おきかいせん》で敗退《はいたい》、サイパン島陥落《とうかんらく》。10月《がつ》、フィリピンのレイテ沖海戦《おきかいせん》で連合艦隊《れんごうかんたい》が壊滅《かいめつ》。１９４５年《ねん》３月《がつ》には最後《さいご》の砦《とりで》とされていた硫黄島《いおうとう》もアメリカ軍《ぐん》の手《て》に落《お》ち、日本《にほん》は太平洋《たいへいよう》での制海権《せいかいけん》*2、制空権《せいくうけん》を完全《かんぜん》に失《うしな》いました。

一方《いっぽう》アメリカ軍《ぐん》の上陸《じょうりく》が近《ちか》いといわれていた沖縄《おきなわ》では、１９４４年《ねん》８月《がつ》から、本土《ほんど》に先《さき》がけて学童疎開《がくどうそかい》がはじまっていました。この時《とき》、沖縄《おきなわ》から本土《ほんど》にむかう学童《がくどう》を乗《の》せた対馬丸《つしままる》が、アメリカ軍《ぐん》の潜水艦《せんすいかん》の攻撃《こうげき》を受《う》けて沈没《ちんぼつ》。８００人近《にんちか》くの学童《がくどう》をふくむ約《やく》１５００人《にん》が亡《な》くなる悲劇《ひげき》がありました。10月《がつ》には那覇《なは》が大空襲《だいくうしゅう》を受《う》けて町《まち》の大半《たいはん》が破壊《はかい》され、約《やく》１２００人《にん》が犠牲《ぎせい》になりました。

１９４５年《ねん》３月《がつ》26日《にち》、約《やく》55万《まん》の兵員《へいいん》、１５００隻《せき》の艦船《かんせん》を率《ひき》いてアメリカ軍《ぐん》が沖縄本島西方《おきなわほんとうせいほう》の慶良間列島《けらまれっとう》に上陸《じょうりく》し、追《お》いつめられた住民《じゅうみん》７００人《にん》が集団自決《しゅうだんじけつ》（集団《しゅうだん》で自殺《じさつ》すること）。４月１日《がつついたち》には沖縄本島中西部《おきなわほんとうちゅうせいぶ》に上陸《じょうりく》を開始《かいし》。住民《じゅうみん》の生活《せいかつ》の場《ば》が地上戦《ちじょうせん》の舞台《ぶたい》となったのです。大量《たいりょう》の砲弾《ほうだん》が落《お》ちてくるようすは「鉄《てつ》の暴風《ぼうふう》」とよばれ、激《はげ》しい戦《たたか》いがくりかえされた末《すえ》に、６月《がつ》23日《にち》、日本軍《にほんぐん》が全滅《ぜんめつ》し戦闘《せんとう》は終《お》わりました。

この地上戦《ちじょうせん》は多《おお》くの悲劇《ひげき》をうみだしました。ひめゆり学徒隊《がくとたい》⇒P43、鉄血勤皇隊《てっけつきんのうたい》⇒P43などに組織《そしき》された少女《しょうじょ》や少年《しょうねん》の犠牲者《ぎせいしゃ》が多《おお》く、また日本軍《にほんぐん》による集団自決《しゅうだんじけつ》の強制《きょうせい》などもあり、

▲沖縄県糸満市《おきなわけんいとまんし》にある沖縄戦《おきなわせん》の犠牲者《ぎせいしゃ》の慰霊碑《いれいひ》、ひめゆりの塔《とう》。

太平洋戦争中《たいへいようせんそうちゅう》もっとも悲惨《ひさん》な地上戦《ちじょうせん》でした。軍人《ぐんじん》などの犠牲者《ぎせいしゃ》が約《やく》９万人《まんにん》、住民《じゅうみん》の犠牲者《ぎせいしゃ》はそれを上回《うわまわ》って、当時《とうじ》の県民《けんみん》の約《やく》４分《ぶん》の1にあたる、およそ13万人《まんにん》とされています。

沖縄戦《おきなわせん》は、政府《せいふ》・軍部《ぐんぶ》にとって、勝《か》つ見込《みこ》みのない戦《たたか》いでした。それにもかかわらず戦闘《せんとう》を続《つづ》けたのは、アメリカ軍《ぐん》の犠牲者《ぎせいしゃ》を増《ふ》やして降伏条件《こうふくじょうけん》を有利《ゆうり》にすることと、本土決戦《ほんどけっせん》の準備《じゅんび》のために、できるかぎりアメリカ軍《ぐん》を沖縄《おきなわ》にひきとめておくことが目的《もくてき》だったといわれています。

*1 トラック島《とう》：日本《にほん》の南東《なんとう》、太平洋《たいへいよう》の島《しま》じま。現在《げんざい》のチューク諸島《しょとう》。サイパン島《とう》、マリアナ諸島《しょとう》、硫黄島《いおうとう》も日本《にほん》の南東《なんとう》の島《しま》じま。 *2 制海権《せいかいけん》：軍事力《ぐんじりょく》によって海域《かいいき》を支配《しはい》する力《ちから》。制空権《せいくうけん》は、軍事力《ぐんじりょく》によって空中《くうちゅう》を支配《しはい》する力《ちから》。

そのとき世界では？

「マンハッタン計画《けいかく》」

第二次世界大戦《だいにじせかいたいせん》がはじまる9か月前《げつまえ》の1938年《ねん》12月《がつ》、ドイツの科学者《かがくしゃ》が、ウラン*1に核分裂反応《かくぶんれつはんのう》を起《お》こさせる実験《じっけん》に成功《せいこう》しました。当時《とうじ》ナチス・ドイツの迫害《はくがい》をのがれてアメリカに移住《いじゅう》していた科学者《かがくしゃ》たちはこれを知《し》り、ドイツが原子爆弾《げんしばくだん》*2（原爆《げんばく》）を製造《せいぞう》するのではないかと危機感《ききかん》をもちました。

そこで、科学者《かがくしゃ》たちの代表《だいひょう》であったアインシュタイン⇓P41がアメリカのルーズベルト⇓P43大統領《だいとうりょう》あてに、「原爆開発《げんばくかいはつ》でドイツに先《さき》をこされるな」という趣旨《しゅし》の手紙《てがみ》を送《おく》りました。ルーズベルトはこれを了承《りょうしょう》。こうして1942年《ねん》8月《がつ》から、原爆開発《げんばくかいはつ》のための「マンハッタン計画《けいかく》」がはじまったのです。設計《せっけい》・製造《せいぞう》の責任者《せきにんしゃ》には科学者《かがくしゃ》のオッペンハイマー⇓P41が選《えら》ばれ、極秘《ごくひ》に集《あつ》められた科学者《かがくしゃ》によって原爆開発《げんばくかいはつ》が進《すす》められました。その結果《けっか》、1945年《ねん》7月《がつ》、原爆《げんばく》が完成《かんせい》。人類《じんるい》初《はつ》の核実験《かくじっけん》がおこなわれ、成功《せいこう》しました。この計画《けいかく》に動員《どういん》された人員《じんいん》は約《やく》54万人《まんにん》で、資金《しきん》は当時《とうじ》の金額《きんがく》で20億《おく》ドルにも達《たっ》したといわれています。

しかし、原爆開発《げんばくかいはつ》にたずさわった科学者《かがくしゃ》たちはその威力《いりょく》を知《し》っていたので、日本《にほん》への投下《とうか》は見《み》あわせるよう、トルーマン⇓P43大統領《だいとうりょう》あてに嘆願書《たんがんしょ》を送《おく》りました。それでもトルーマンは原爆《げんばく》の投下《とうか》を決定《けってい》。アメリカが原爆《げんばく》を保有《ほゆう》してその威《い》力《りょく》を示《しめ》すことで、第二次世界大戦後《だいにじせかいたいせんご》の世界《せかい》で、ソ連《れん》⇓P42より優位《ゆうい》に立《た》つことができると考《かんが》えたからだとされています。

▲マンハッタン計画《けいかく》で建設《けんせつ》されたB原子炉《ビーげんしろ》。原子爆弾《げんしばくだん》の燃料《ねんりょう》となるプルトニウムを製造《せいぞう》する、世界《せかい》ではじめての大規模《だいきぼ》な施設《しせつ》となった。

写真：Everett Collection/アフロ

*1 ウラン：放射能《ほうしゃのう》をもつ金属元素《きんぞくげんそ》の１つ。核燃料《かくねんりょう》として原子爆弾《げんしばくだん》や原子力発電《げんしりょくはつでん》につかわれる。 *2 原子爆弾《げんしばくだん》：核分《かくぶん》裂反応《れつはんのう》を利用《りよう》した兵器《へいき》。水素爆弾《すいそばくだん》とならんで巨大《きょだい》な破壊力《はかいりょく》をもち、人類全体《じんるいぜんたい》を滅亡《めつぼう》させる力《ちから》があるとされる。

そのとき日本では？

広島《ひろしま》と長崎《ながさき》への原爆《げんばく》投下《とうか》

長崎《ながさき》に投下《とうか》された原子《げんし》爆弾《ばくだん》により、上空《じょうくう》にあらわれたキノコ雲《ぐも》。
写真：Photoshot/アフロ

1945年《ねん》8月6日《がつむいか》未明《みめい》、アメリカ軍《ぐん》のB《ビー》29爆撃機《ばくげきき》が広島《ひろしま》めざして、テニアン基地《きち》*1を飛《と》びたっていきました。エノラ・ゲイとよばれるこの飛行機《ひこうき》には、開発《かいはつ》されたばかりのウラン型原爆《がたげんばく》*2が積《つ》みこまれていました。

原爆《げんばく》は長《なが》さ約《やく》3・2m、直径約《ちょっけいやく》0・7m、重《おも》さ約《やく》4トンの細長《ほそなが》い形《かたち》をしていて、リトル・ボーイ（ちびっこ）とよばれていました。

アメリカは広島《ひろしま》に続《つづ》いて、次《つぎ》の攻撃目標《こうげきもくひょう》を決《き》めていました。第一目標《だいいちもくひょう》は福岡県《ふくおかけん》の小倉《こくら》、第二目標《だいにもくひょう》は長崎《ながさき》でした。

8月9日《がつここのか》、プルトニウム型原爆《がたげんばく》*3を積《つ》んだB《ビー》29ボックス・カー号《ごう》がテニアン基地《きち》を離陸《りりく》し小倉上空《こくらじょうくう》に達《たっ》しました。しかし、そこが悪天候《あくてんこう》だったため、投下地《とうかち》を第二目標《だいにもくひょう》の長崎《ながさき》に変更《へんこう》したのです。

この原爆《げんばく》は、長《なが》さ約《やく》3・3m、直径約《ちょっけいやく》1・5m、重《おも》さ約《やく》4・5トンのずんぐりした形《かたち》をして、ファットマン（ふとっちょ）とよばれていました。

*1 テニアン基地《きち》：日本《にほん》の南東《なんとう》、太平洋《たいへいよう》のマリアナ諸島《しょとう》のテニアン島《とう》にあるアメリカ軍基地《ぐんきち》。 *2 ウラン型原爆《がたげんばく》：燃料《ねんりょう》にウランを使用《しよう》した原子爆弾《げんしばくだん》。 *3 プルトニウム型原爆《がたげんばく》：燃料《ねんりょう》にプルトニウムを使用《しよう》した原子爆弾《げんしばくだん》。

もっと知《し》りたい！「エノラ・ゲイ」と「ボックス・カー」

・エノラ・ゲイ

8月《がつ》6日《むいか》午前《ごぜん》8時《じ》15分《ふん》に広島《ひろしま》上空《じょうくう》に到達《とうたつ》し、高度《こうど》約《やく》9600mから原爆《げんばく》を投下《とうか》。原爆《げんばく》は相生橋《あいおいばし》＊1上空約《じょうくうやく》600m付近《ふきん》で爆発《ばくはつ》。爆発《ばくはつ》の1秒後《びょうご》には、直径約《ちょっけいやく》280mの火球《かきゅう》ができて、その表面温度《ひょうめんおんど》は5000度《ど》になったといわれています。まるで小《ち》さな太陽《たいよう》のようなものが誕生《たんじょう》したのです。

高熱《こうねつ》により、爆心地《ばくしんち》から直径《ちょっけい》2kmほどの内側《うちがわ》にあるものはすべて燃《も》えあがりました。火球《かきゅう》の下《した》にいた人《ひと》たちは一瞬《いっしゅん》にして蒸発《じょうはつ》したり、黒《くろ》こげになったりしました。

爆風《ばくふう》によって建物《たてもの》は破壊《はかい》され、人《ひと》びとは吹《ふ》きとばされました。爆心地《ばくしんち》から500m離《はな》れた地《ち》点《てん》では秒速《びょうそく》280m、800m離《はな》れていても、秒速《びょうそく》200mの爆風《ばくふう》が吹《ふ》いたと推定《すいてい》されています。

爆発《ばくはつ》による即死《そくし》をまぬかれた人《ひと》も、その後《ご》の放射《ほうしゃ》能《のう》⇒P43の影響《えいきょう》で苦《くる》しみながら亡《な》くなりました。この年《とし》の12月《がつ》までに約《やく》14万人《まんにん》の人《ひと》が亡《な》くなり、その後《ご》も死者《ししゃ》は増《ふ》えつづけ、2013年《ねん》までに約《やく》28万人《まんにん》の人《ひと》が亡《な》くなったとされています。

▲エノラ・ゲイの前《まえ》にならぶ、アメリカ軍《ぐん》のパイロットや技師《ぎし》。
写真：AFLO

・ボックス・カー

8月《がつ》9日《ここのか》午前《ごぜん》11時《じ》2分《ふん》、長崎上空《ながさきじょうくう》の高度《こうど》約《やく》8800mから原爆《げんばく》を投下《とうか》。原爆《げんばく》は松山町《まつやままち》＊2上空約《じょうくうやく》500mの地点《ちてん》で爆発《ばくはつ》して、一瞬《いっしゅん》のうちに高熱《こうねつ》の火球《かきゅう》がうまれました。すさまじい熱《ねっ》線《せん》と爆風《ばくふう》によって地上《ちじょう》のものはすべて破壊《はかい》され、焼失《しょうしつ》しました。爆心地《ばくしんち》から4km離《はな》れていてもやけどを負《お》うくらいの高熱《こうねつ》でした。

被曝《ひばく》によって、この年《とし》の12月《がつ》までに約《やく》7万人《まんにん》、その後《ご》5年以内《ねんいない》に亡《な》くなった人《ひと》たちをふくめると約《やく》14万人《まんにん》の人《ひと》びとが犠牲《ぎせい》になりました。

▲ボックス・カー。長崎《ながさき》への原爆投下後《げんばくとうかご》、先端部分《せんたんぶぶん》にイラストがえがかれた。
U.S. Air Force photo

＊1 相生橋《あいおいばし》：広島市中区《ひろしましなかく》にある、原爆投下《げんばくとうか》の目標《もくひょう》にされたといわれる橋《はし》。原爆《げんばく》の衝撃《しょうげき》で橋桁《はしげた》は変形《へんけい》した。現在《げんざい》の平和《へいわ》記念公園《きねんこうえん》の入口《いりぐち》にあたる。　＊2 松山町《まつやままち》：長崎市松山町《ながさきしまつやままち》。現在《げんざい》は、原爆《げんばく》の爆心地《ばくしんち》を示《しめ》す碑《ひ》が設置《せっち》されている。

そのとき世界では？

「ヤルタ会談《かいだん》」と「ポツダム会談《かいだん》」

1945年《ねん》2月4日《がつよっか》、クリミア半島《はんとう》⇒P41のヤルタに、アメリカのルーズベルト、イギリスのチャーチル⇒P42、ソ連《れん》のスターリン⇒P42の3首脳《しゅのう》が集《あつ》まり、ドイツの戦後処理《せんごしょり》などについての秘密会談《ひみつかいだん》を開《ひら》きました。ヤルタ会談《かいだん》です。この会談《かいだん》では、次《つぎ》のようなことが話《はな》しあわれ、ヤルタ協定《きょうてい》としてまとめられました。

・アメリカ、イギリス、フランス、ソ連《れん》の4か国《こく》でドイツを分割占領《ぶんかつせんりょう》・管理《かんり》すること。
・ドイツの非武装化《ひぶそうか》とドイツの戦争犯罪人《せんそうはんざいにん》*1の裁判《さいばん》。
・国際連合憲章《こくさいれんごうけんしょう》を定《さだ》める会議《かいぎ》を開《ひら》くこと。
・東《ひがし》ヨーロッパ諸国《しょこく》の再建問題《さいけんもんだい》。
・日本《にほん》を降伏《こうふく》させるために、ドイツ降伏後《こうふくご》2～3か月以内《げついない》に、ソ連《れん》が日本《にほん》に宣戦《せんせん》すること。
・南樺太《みなみからふと》・千島《ちしま》⇒P43をソ連領《れんりょう》とすること。

ドイツはその後《ご》、5月7日《がつなのか》に無条件降伏《むじょうけんこうふく》*2。また、この協定《きょうてい》にもとづいて、8月8日《がつようか》にはソ連《れん》が日本《にほん》に宣戦《せんせん》することになるのです。イタリア、ドイツが降伏《こうふく》して、唯一《ゆいいつ》の枢軸国《すうじくこく》となった日本《にほん》も沖縄戦《おきなわせん》でやぶれ、降伏《こうふく》は時間《じかん》の問題《もんだい》となってきました。

そこで1945年《ねん》7月《がつ》17日《にち》、ドイツのベルリン郊外《こうがい》のポツダムで、アメリカのトルーマン、イギリスのチャーチル、ソ連《れん》のスターリンが集《あつ》まり、ふたたび会談《かいだん》をおこないました。

このポツダム会談《かいだん》では、ドイツの戦後処理《せんごしょり》などとともに、日本《にほん》の降伏《こうふく》をもとめる協議《きょうぎ》がおこなわれ、これが13か条《じょう》の宣言《せんげん》として7月《がつ》26日《にち》に発表《はっぴょう》されました（ポツダム宣言《せんげん》）。この宣言《せんげん》は、連合国軍《れんごうこくぐん》による日本占領《にほんせんりょう》、日本《にほん》の軍国主義《ぐんこくしゅぎ》の排除《はいじょ》、民主化《みんしゅか》、戦争犯罪人《せんそうはんざいにん》の裁判《さいばん》などがおもな内容《ないよう》で、これにもとづき、日本占領後《にほんせんりょうご》の基本政策《きほんせいさく》がつくられます。

この会談《かいだん》では、アメリカ・イギリスとソ連《れん》のあいだで、東《ひがし》ヨーロッパ問題《もんだい》に関《かん》して意見《いけん》が対立《たいりつ》し、それが戦後《せんご》の東西冷戦《とうざいれいせん》につながっていくことになります。

▲ヤルタ会談《かいだん》に集《あつ》まった3首脳《しゅのう》。左《ひだり》から、チャーチル、ルーズベルト、スターリン。

写真：Everett Collection/アフロ

*1 戦争犯罪人《せんそうはんざいにん》：戦争《せんそう》で罪《つみ》をおかした人《ひと》。戦犯《せんぱん》。　*2 無条件降伏《むじょうけんこうふく》：条件《じょうけん》を一切《いっさい》つけずに降伏《こうふく》すること。一般《いっぱん》に、勝《か》った国《くに》が負《ま》けた国《くに》の条件《じょうけん》に制約《せいやく》されることなく、支配下《しはいか》におくことができるとされる。

そのとき日本では？

日本《にほん》の敗戦《はいせん》

1945年《ねん》に入《はい》り、戦局《せんきょく》はますます悪化《あっか》してきました。ところが、勝《か》つことののぞめない絶望的《ぜつぼうてき》な状態《じょうたい》であったにもかかわらず、政府《せいふ》はなお本土決戦《ほんどけっせん》の方針《ほうしん》を打《う》ちだしました。

これに対《たい》して、連合国《れんごうこく》は7月《がつ》26日《にち》、ポツダム宣言《せんげん》を発表《はっぴょう》して、日本《にほん》に無条件降伏《むじょうけんこうふく》をもとめました。しかし政府《せいふ》はこれを受《う》けいれずに無視《むし》したのです。8月8日《がつようか》には、ソ連《れん》が日本《にほん》に宣戦《せんせん》。満州《まんしゅう》や朝鮮《ちょうせん》はソ連《れん》に攻《せ》めいられ、北方領土《ほっぽうりょうど》も占領《せんりょう》されました。ソ連軍《れんぐん》につかまり、シベリアで強制労働《きょうせいろうどう》させられた日本人《にほんじん》は60万人近《まんにんちか》くにものぼりました。ここにきて、政府《せいふ》は8月《がつ》14日《か》の御前会議《ごぜんかいぎ》＊1で、ポツダム宣言《せんげん》を受《う》けいれることを決定《けってい》。翌《よく》15日《にち》、昭和天皇《しょうわてんのう》によるラジオ放送《ほうそう》（玉音放送《ぎょくおんほうそう》）を通《とお》して全国民《ぜんこくみん》に敗戦《はいせん》を伝《つた》えることになりました。

その日《ひ》12時《じ》、ラジオの前《まえ》に集《あつ》まった人《ひと》びとに天皇《てんのう》の声《こえ》が聞《き》こえてきました。人《ひと》びとはこの放送《ほうそう》ではじめて、日本《にほん》が戦争《せんそう》に負《ま》けたことを知《し》りました。日本政府《にほんせいふ》は「終戦《しゅうせん》」とよびましたが、これはまぎれもない「敗戦《はいせん》」でした。

こうして、3年《ねん》8か月《げつ》におよぶ太平洋戦争《たいへいようせんそう》が事実上《じじつじょう》終《お》わり、第二次世界大戦《だいにじせかいたいせん》も終《お》わりを告《つ》げました。

もっと知りたい！

終戦《しゅうせん》の日《ひ》はいつ？

第二次世界大戦《だいにじせかいたいせん》には、60か国近《こくちか》くが参戦《さんせん》しました。死者《ししゃ》は5000万人以上《まんにんいじょう》、しかも軍人《ぐんじん》よりも民間人《みんかんじん》の犠牲者《ぎせいしゃ》が多《おお》い戦争《せんそう》でした。日本人《にほんじん》の犠牲者《ぎせいしゃ》は軍人《ぐんじん》230万人《まんにん》、民間人《みんかんじん》80万人《まんにん》、計《けい》310万人《まんにん》（植民地《しょくみんち》であった朝鮮《ちょうせん》、台湾《たいわん》の人《ひと》もふくむ）。アジア・太平洋全域《たいへいようぜんいき》では、1900万人以上《まんにんいじょう》が犠牲《ぎせい》になったと推定《すいてい》されています。日本《にほん》では、8月《がつ》15日《にち》を終戦記念日《しゅうせんきねんび》としていますが、国際法上《こくさいほうじょう》は、日本《にほん》が対連合国《たいれんごうこく》降伏文書《こうふくぶんしょ》に調印《ちょういん》した9月2日《がつふつか》が終戦《しゅうせん》の日《ひ》です。

▲ラジオから流《なが》れる玉音放送《ぎょくおんほうそう》を聞《き》く人《ひと》びと。東京《とうきょう》・四谷《よつや》で撮影《さつえい》された写真《しゃしん》。

写真：毎日新聞社

＊1 御前会議《ごぜんかいぎ》：戦争《せんそう》に関《かん》する問題《もんだい》について、天皇《てんのう》が同席《どうせき》しておこなわれる会議《かいぎ》。陸海軍《りくかいぐん》の代表《だいひょう》や、首相《しゅしょう》ほか各大臣《かくだいじん》が出席《しゅっせき》した。

パート2 終戦直後《しゅうせんちょくご》

戦後《せんご》、世界《せかい》が二度《にど》とこのような戦争《せんそう》を起《お》こさないよう、世界平和《せかいへいわ》を実現《じつげん》・維持《いじ》していくことのできる新《あたら》しい国際組織《こくさいそしき》がつくられます。戦争末期《せんそうまっき》の1945年《ねん》6月《がつ》のサンフランシスコ会議《かいぎ》で調印《ちょういん》された国際連合憲章《こくさいれんごうけんしょう》にもとづき、10月《がつ》に発足《ほっそく》した**国際連合《こくさいれんごう》**⇒P41（国連《こくれん》）です。

そのとき世界では？

国際連合《こくさいれんごう》の発足《ほっそく》

当初《とうしょ》の国連《こくれん》の加盟国《かめいこく》は51か国《こく》で、本部《ほんぶ》はアメリカのニューヨークにおかれました。年《ねん》1回《かい》、全加盟国《ぜんかめいこく》が参加《さんか》する総会《そうかい》がおこなわれ、参加国《さんかこく》が平等《びょうどう》に1票《ぴょう》の投票権《とうひょうけん》をもち、決議《けつぎ》は多《た》数決《すうけつ》で決《き》まります。

ただし、世界平和《せかいへいわ》を維持《いじ》するための安全保障理事会《あんぜんほしょうりじかい》では、アメリカ、イギリス、フランス、ソ連《れん》、中国《ちゅうごく》の5大国《たいこく》に拒否《きょひ》権《けん》*1があたえられました。大国《たいこく》にだけ強《つよ》い力《ちから》をあたえるものですが、世界《せかい》が一致《いっち》して世界平和維持《せかいへいわいじ》にあたるための工夫《くふう》でした。

経済《けいざい》、社会《しゃかい》、文化《ぶんか》、教育《きょういく》などについて各国間《かっこくかん》の協力《きょうりょく》をはかる目的《もくてき》で、経済社会理事会《けいざいしゃかいりじかい》が設置《せっち》され、この専門機関《せんもんきかん》として、**ユネスコ**⇒P43、**国際労働機関《こくさいろうどうきかん》（ILO《アイエルオー》）**⇒P41、**世界保健機関《せかいほけんきかん》（WHO《ダブリューエイチオー》）**⇒P42などがもうけられました。

しかし、日本《にほん》は当初《とうしょ》、加盟《かめい》を認《みと》められませんでした。日本《にほん》が加盟《かめい》したのは国連《こくれん》の発足《ほっそく》から10年以上《ねんいじょう》がたった、1956年《ねん》のことでした。

▲国際連合《こくさいれんごう》の設立《せつりつ》が決《き》められた、1945年《ねん》のサンフランシスコ会議《かいぎ》。各国《かっこく》の代表《だいひょう》が集《あつ》まった。

写真：AP/アフロ

*1 拒否権《きょひけん》：国連安全保障理事会《こくれんあんぜんほしょうりじかい》の常任理事国《じょうにんりじこく》5か国《こく》にのみ認《みと》められている権利《けんり》。国連《こくれん》の議決《ぎけつ》で5か国《こく》のうち1か国《こく》でも反対《はんたい》すれば、ほかのすべての理事国《りじこく》が賛成《さんせい》した場合《ばあい》でもその議題《ぎだい》は否決《ひけつ》される。

そのとき日本では？

占領《せんりょう》された日本《にほん》と民主化《みんしゅか》

日本《にほん》の敗戦《はいせん》からまもなくの8月《がつ》30日《にち》、神奈川県《かながわけん》の厚木飛行場《あつぎひこうじょう》に、マッカーサー＊1元帥《げんすい》＊2がおりたちました。彼《かれ》は太平洋戦争中《たいへいようせんそうちゅう》、連合国南西太平洋軍《れんごうこくなんせいたいへいようぐん》の司令官《しれいかん》でした。この日以降《ひいこう》、1951年《ねん》にやめさせられるまでの6年間《ねんかん》、連合国軍最高司令官総司令部《れんごうこくぐんさいこうしれいかんそうしれいぶ》（GHQ《ジーエイチキュー》⇒P42）の最高司令官《さいこうしれいかん》として、占領下《せんりょうか》の日本《にほん》で指揮《しき》をとることになります。

▲厚木《あつぎ》に到着《とうちゃく》したマッカーサー。　写真：毎日新聞社

日本《にほん》と同盟国《どうめいこく》であったドイツは、敗戦時《はいせんじ》に国家組織《こっかそしき》が崩壊《ほうかい》していたため、連合国《れんごうこく》（アメリカ、イギリス、フランス、ソ連《れん》の4か国《こく》）に直接占領《ちょくせつせんりょう》されました。これに対《たい》し、日本《にほん》は国家組織《こっかそしき》が残《のこ》っていたので、連合国《れんごうこく》は日本政府《にほんせいふ》の上《うえ》に位置《いち》する間接占領《かんせつせんりょう》の形《かたち》をとりました。連合国《れんごうこく》とはいっても、実際《じっさい》にはアメリカ軍《ぐん》による単独占領《たんどくせんりょう》でした。

GHQ《ジーエイチキュー》の基本方針《きほんほうしん》は、非軍事化《ひぐんじか》・民主化《みんしゅか》を進《すす》めて、日本《にほん》を二度《にど》と戦争《せんそう》のできない国家《こっか》にすることでした。そのため、戦争犯罪人《せんそうはんざいにん》（戦犯《せんぱん》）の逮捕《たいほ》がはじまり、東京裁判《とうきょうさいばん》が開《ひら》かれました。ついでGHQ《ジーエイチキュー》は、日本政府《にほんせいふ》に対《たい》し、次《つぎ》の5大改革《だいかいかく》を命《めい》じました。

①秘密警察《ひみつけいさつ》の廃止《はいし》　②労働組合《ろうどうくみあい》の結成奨励《けっせいしょうれい》
③婦人《ふじん》の解放《かいほう》　④教育《きょういく》の自由化《じゆうか》　⑤経済《けいざい》の民主化《みんしゅか》

経済《けいざい》の民主化《みんしゅか》については、3つの改革《かいかく》をもとめました。

・農地改革《のうちかいかく》：国《くに》が強制的《きょうせいてき》に地主《じぬし》の農地《のうち》を買《か》いあげて、小作農《こさくのう》に安《やす》く払《はら》いさげ、封建的《ほうけんてき》な地主《じぬし》・小作農《こさくのう》の関係《かんけい》を解体《かいたい》する。
・財閥解体《ざいばつかいたい》：日本《にほん》を戦争《せんそう》にかりたてた責任《せきにん》が巨大財閥《きょだいざいばつ》にあるとして、三井《みつい》、三菱《みつびし》、住友《すみとも》、安田《やすだ》の4大財閥《だいざいばつ》をはじめ、83社《しゃ》に解散《かいさん》・整理《せいり》を命令《めいれい》。
・労働改革《ろうどうかいかく》：戦争中《せんそうちゅう》に解散《かいさん》させられた労働組合《ろうどうくみあい》を、民主的《みんしゅてき》な労働組合《ろうどうくみあい》として再結成《さいけっせい》する（労働組合法《ろうどうくみあいほう》の制定《せいてい》）。

＊1 マッカーサー：1880～1964年《ねん》。アメリカの軍人《ぐんじん》。太平洋戦争《たいへいようせんそう》では連合国軍南西太平洋軍《れんごうこくぐんなんせいたいへいようぐん》の司令官《しれいかん》をつとめ、ついでGHQ最高司令官《ジーエイチキューさいこうしれいかん》となる。　＊2 元帥《げんすい》：軍人《ぐんじん》の最高位《さいこうい》の階級《かいきゅう》・称号《しょうごう》をあらわす言葉《ことば》。

そのとき日本では？

「日本国憲法《にほんこくけんぽう》」誕生《たんじょう》

GHQ《ジーエイチキュー》は日本政府《にほんせいふ》に対《たい》して、5大改革指令《だいかいかくしれい》とともに、「憲《けん》法《ぽう》の自由主義《じゆうしゅぎ》⇒P42化《か》」をもとめました。二度《にど》と戦争《せんそう》を起《お》こさない日本《にほん》にするために、天皇《てんのう》の絶対的《ぜったいてき》な権力《けんりょく》を認《みと》めていた戦前《せんぜん》の大日本帝国憲法《だいにっぽんていこくけんぽう》（明治憲法《めいじけんぽう》）を改正《かいせい》して、国民主権《こくみんしゅけん》の民主的《みんしゅてき》な憲法《けんぽう》にするように、強《つよ》く要求《ようきゅう》したのです。

これを受《う》けて日本政府《にほんせいふ》がつくった憲法改正試案《けんぽうかいせいしあん》は、GHQ《ジーエイチキュー》を驚《おどろ》かせました。明治憲法《めいじけんぽう》の大幅《おおはば》な改正《かいせい》をもとめていたにもかかわらず、明治憲法《めいじけんぽう》と大差《たいさ》ない内容《ないよう》だったからです。日本政《にほんせい》府《ふ》は憲法改正《けんぽうかいせい》を、さしせまった重要《じゅうよう》な課題《かだい》と考《かんが》えていなかったのです。そこでGHQ《ジーエイチキュー》は、自分《じぶん》たちで憲法草案《けんぽうそうあん》をつくることにしました。その際《さい》、マッカーサーは憲法《けんぽう》に盛《も》りこむ3原《げん》則《そく》（マッカーサー・ノート）を提示《ていじ》しました。

①天皇制《てんのうせい》の存続《そんぞく》　②戦争《せんそう》の放棄《ほうき》　③封建制度《ほうけんせいど》の廃止《はいし》

GHQ《ジーエイチキュー》は、日本《にほん》の民間団体《みんかんだんたい》がすでにまとめていた「憲法改《けんぽうかい》正要綱《せいようこう》」を参考《さんこう》にしながら、草案《そうあん》を日本政府《にほんせいふ》に提出《ていしゅつ》しました。これはその後《ご》、修正《しゅうせい》・手直《てなお》しが加《くわ》えられて「憲法改正案《けんぽうかいせいあん》」として発表《はっぴょう》されました。この改正案《かいせいあん》は、1946年《ねん》4月《がつ》におこなわれた衆院選《しゅういんせん》（⇒P30）後《ご》の議会《ぎかい》で可決《かけつ》したのちに、枢密《すうみつ》院《いん》*1で可決《かけつ》。11月《がつ》3日《みっか》に公布《こうふ》され、翌年《よくねん》5月《がつ》3日《みっか》から施行《しこう》されることになりました。日本国憲法《にほんこくけんぽう》が誕生《たんじょう》したのです。

日本国憲法《にほんこくけんぽう》は、次《つぎ》の3つを基本原理《きほんげんり》として、前文《ぜんぶん》と11章《しょう》103条《じょう》の条文《じょうぶん》からなっています。

①主権在民《しゅけんざいみん》　②平和主義《へいわしゅぎ》　③基本的人権《きほんてきじんけん》の尊重《そんちょう》

まず前文《ぜんぶん》で、この憲法《けんぽう》の趣旨《しゅし》を説明《せつめい》し、主権在民《しゅけんざいみん》*2、平和《へいわ》主義《しゅぎ》をうたっています。第《だい》1章《しょう》では、天皇《てんのう》は国《くに》の象徴《しょうちょう》であり、主権《しゅけん》をもっている国民《こくみん》の総意《そうい》にもとづくものであると明記《めいき》。第《だい》2章《しょう》の9条《じょう》では、戦争《せんそう》を放棄《ほうき》すること、戦力《せんりょく》をもたないこと、交戦権《こうせんけん》は認《みと》めないことを定《さだ》めています。前文《ぜんぶん》とあわせて、二度《にど》と戦争《せんそう》を起《お》こさないという不戦《ふせん》の決意《けつい》が明快《めいかい》にうたわれている条文《じょうぶん》です。ついで第《だい》3章《しょう》では、国民《こくみん》の権利《けんり》と義務《ぎむ》という形《かたち》で、基本的人権《きほんてきじんけん》の尊重《そんちょう》を述《の》べています。基本的人権《きほんてきじんけん》というのは、うまれてから老後《ろうご》にいたるまで、人《ひと》が人《ひと》として尊重《そんちょう》され、大切《たいせつ》にされる権利《けんり》のことです。第《だい》4章《しょう》からは、国会《こっかい》にはじまって、立法《りっぽう》、行政《ぎょうせい》、司法《しほう》についての条文《じょうぶん》が続《つづ》いています。この憲法《けんぽう》にもとづいて、民法《みんぽう》などほかの法律《ほうりつ》も改正《かいせい》されて、日本《にほん》は民主国家《みんしゅこっか》としての道《みち》を歩《あゆ》みはじめることになりました。

▲日本国憲法《にほんこくけんぽう》の御署名原本《ごしょめいげんぽん》（天皇《てんのう》の署名《しょめい》がある原本《げんぽん》）。

国立公文書館所蔵

*1 枢密院《すうみついん》：1888年《ねん》に設置《せっち》された国《くに》の機関《きかん》。憲法《けんぽう》など国《くに》の重要《じゅうよう》な問題《もんだい》についてあつかう、天皇《てんのう》の最高諮問機関《さいこうしもんきかん》。日本《にほん》国憲法《こくけんぽう》の施行《しこう》にともない1947年《ねん》に廃止《はいし》された。　*2 主権在民《しゅけんざいみん》：国民主権《こくみんしゅけん》ともいわれる。主権《しゅけん》が国民《こくみん》にあること。

そのとき日本では？

「東京裁判《とうきょうさいばん》」とは

1946年《ねん》5月3日《がつみっか》、日本《にほん》の戦争犯罪人《せんそうはんざいにん》（戦犯《せんぱん》）を追及《ついきゅう》する極東国際軍事裁判《きょくとうこくさいぐんじさいばん》（東京裁判《とうきょうさいばん》）がはじまりました。戦犯《せんぱん》にはA級《エイきゅう》、B級《ビーきゅう》、C級《シーきゅう》の3種類《しゅるい》がありました。

・A級《エイきゅう》：戦争《せんそう》を計画《けいかく》・実行《じっこう》し、「平和《へいわ》に対《たい》する罪《つみ》」をおかした政府《せいふ》・軍関係者《ぐんかんけいしゃ》。
・B級《ビーきゅう》：民間人《みんかんじん》や捕虜《ほりょ》の虐殺《ぎゃくさつ》、虐待《ぎゃくたい》に責任《せきにん》があって、「通例《つうれい》の戦争犯罪《せんそうはんざい》」をおかした者《もの》。
・C級《シーきゅう》：B級《ビーきゅう》と同《おな》じ罪状《ざいじょう》で、「人道《じんどう》の罪《つみ》」をおかした者《もの》。

このうち、実際《じっさい》にはB級《ビーきゅう》、C級《シーきゅう》は区別《くべつ》なく裁判《さいばん》にかけられたので、BC級戦犯《ビーシーきゅうせんぱん》とまとめてよばれています。BC級戦犯《ビーシーきゅうせんぱん》は連合国《れんごうこく》の7か国《こく》の法律《ほうりつ》で裁《さば》かれることになっていて、東京《とうきょう》裁判《さいばん》にかけられたのは、A級戦犯《エイきゅうせんぱん》だけです。

A級戦犯容疑者《エイきゅうせんぱんようぎしゃ》は100人以上《にんいじょう》いましたが、そのなかで、太平洋戦争開始《たいへいようせんそうかいし》を決《き》めた東条英機《とうじょうひでき》*1元首相《もとしゅしょう》ら28人《にん》が裁判《さいばん》にかけられることになりました。しかし、天皇《てんのう》は戦争責任《せんそうせきにん》が問《と》われませんでした。それは、GHQ《ジーエイチキュー》が占領政策《せんりょうせいさく》に天皇制《てんのうせい》を利用《りよう》することを考《かんが》えていたからだといわれています。

裁判《さいばん》の過程《かてい》で、日本軍《にほんぐん》による戦争中《せんそうちゅう》の残虐行為《ざんぎゃくこうい》が次《つぎ》つぎと明《あき》らかになりました。中国《ちゅうごく》・南京《ナンキン》での無差別虐殺《むさべつぎゃくさつ》、フィリピンでの民間人虐殺《みんかんじんぎゃくさつ》など、戦争中《せんそうちゅう》、国民《こくみん》にいっさい知《し》らされていなかった事件《じけん》の全容《ぜんよう》がしだいに明《あき》らかになるにつれて、国《こく》民《みん》は大《おお》きな衝撃《しょうげき》を受《う》けました。約《やく》2年半後《ねんはんご》の1948年《ねん》11月《がつ》、A級戦犯《エイきゅうせんぱん》の25人《にん》に対《たい》して有罪判決《ゆうざいはんけつ》。このうち東条《とうじょう》ら7人《にん》に死刑《しけい》がいいわたされて、翌月《よくげつ》に処刑《しょけい》がおこなわれ、これをもって東京裁判《とうきょうさいばん》は終《お》わりました。

このように早期《そうき》に裁判《さいばん》が終《お》わったのは、すでにはじまっていた冷戦《れいせん》の影響《えいきょう》がありました。マッカーサーは、日本《にほん》を「反《はん》共《きょう》*2の防波堤《ぼうはてい》」にするためには、裁判《さいばん》を長引《ながび》かせることは得《とく》策《さく》ではないと考《かんが》えたからだといわれています。

▲この東京裁判《とうきょうさいばん》の評価《ひょうか》や南京大虐殺《ナンキンだいぎゃくさつ》をめぐっては、今日《こんにち》までもさまざまな議論《ぎろん》が続《つづ》いている。

写真：近現代PL/アフロ

*1 東条英機《とうじょうひでき》：1884～1948年《ねん》。東京出身《とうきょうしゅっしん》の軍人《ぐんじん》、政治家《せいじか》。1941年《ねん》に第《だい》40代内閣総理大臣《だいないかくそうりだいじん》に就任《しゅうにん》し、陸軍大臣《りくぐんだいじん》・内務《ないむ》大臣《だいじん》を兼任《けんにん》。1944年《ねん》、サイパン島陥落《とうかんらく》で総辞職《そうじしょく》。 *2 反共《はんきょう》：共産主義《きょうさんしゅぎ》に反対《はんたい》すること。

そのとき日本《にほん》では？

「引《ひ》き揚《あ》げ」とは

引《ひ》き揚《あ》げというのは、海外《かいがい》にいた日本人《にほんじん》が、戦争《せんそう》が終《お》わって、日本《にほん》に帰《かえ》ってきたことをいいます（軍人《ぐんじん》は復員兵《ふくいんへい》とよばれた）。終戦時《しゅうせんじ》、軍人《ぐんじん》・民間人《みんかんじん》をあわせて600万人《まんにん》以上《いじょう》が海外《かいがい》にいました。この人《ひと》たちがいっせいに日本《にほん》に帰《かえ》ってきたのです。

太平洋地域《たいへいようちいき》の占領地《せんりょうち》からの帰国《きこく》は、比較的順調《ひかくてきじゅんちょう》におこなわれましたが、朝鮮《ちょうせん》や中国《ちゅうごく》からの帰国《きこく》は困難《こんなん》をきわめました。帰国《きこく》の途中《とちゅう》、飢《う》えや病気《びょうき》で亡《な》くなり、あるいは家族《かぞく》が離《はな》ればなれになって、ふたたび日本《にほん》の土《つち》をふむことができない人《ひと》たちが大勢《おおぜい》いました。中国《ちゅうごく》に残《のこ》してきた子《こ》どもが中国残留日本人孤児《ちゅうごくざんりゅうにほんじんこじ》＊1となる悲劇《ひげき》も起《お》こりました。

1945年《ねん》9月《がつ》、高砂丸《たかさごまる》＊2が約《やく》1600人《にん》の復員兵《ふくいんへい》を乗《の》せて別府《べっぷ》に到着《とうちゃく》しました。これがはじめての引《ひ》き揚《あ》げ船《せん》です。

これ以降《いこう》、博多《はかた》、佐世保《させぼ》など九州地方《きゅうしゅうちほう》の港《みなと》や、舞鶴《まいづる》、浦賀《うらが》、函館《はこだて》などに引《ひ》き揚《あ》げ船《せん》がやってきました。博多《はかた》には130万《まん》人《にん》以上《いじょう》が引《ひ》き揚《あ》げてきたとされています。

引《ひ》き揚《あ》げは1945年《ねん》9月《がつ》にはじまり、1946年末《ねんまつ》には約《やく》500万人《まんにん》が帰《かえ》ってきましたが、残《のこ》りの人《ひと》たちの引《ひ》き揚《あ》げは1958年《ねん》ごろまで続《つづ》きました。引《ひ》き揚《あ》げ船《せん》が、潜水艦《せんすいかん》による魚雷《ぎょらい》＊3攻撃《こうげき》を受《う》けて沈没《ちんぼつ》するという痛《いた》ましい事件《じけん》もありました（死者約《ししゃやく》1700人《にん》）。日本《にほん》へ引《ひ》き揚《あ》げてきたものの、家族《かぞく》と再会《さいかい》できなかった人《ひと》も少《すく》なくありません。そのような人《ひと》の消息《しょうそく》をたずねる「復員《ふくいん》だより」「尋《たず》ね人《びと》」というラジオ番《ばん》組《ぐみ》がはじまったのもこのころです。苦労《くろう》の末《すえ》にようやく帰《かえ》ってきた引《ひ》き揚《あ》げ者《しゃ》を待《ま》っていたのは、焼《や》け野原《のはら》と食料不足《しょくりょうぶそく》でした。

＊1 中国残留日本人孤児《ちゅうごくざんりゅうにほんじんこじ》：第二次世界大戦前《だいにじせかいたいせんまえ》に満州《まんしゅう》（現在《げんざい》の中国東北部《ちゅうごくとうほくぶ》）に移《うつ》りすんだ日本人《にほんじん》の子《こ》どもで、終戦後《しゅうせんご》、現地《げんち》に残《のこ》された人《ひと》びと。

▼満州《まんしゅう》からの引《ひ》き揚《あ》げを体験《たいけん》したマンガ家《か》のちばてつやさんがえがいた、引《ひ》き揚《あ》げの記憶《きおく》。大陸《たいりく》からの引《ひ》き揚《あ》げ者《しゃ》たちがやっと日本《にほん》へ帰《かえ》れると船《ふね》を見《み》あげる。左端《ひだりはし》の母親《ははおや》のとなりに立《た》つ子《こ》が、幼《おさな》いちばさん自身《じしん》だという。

＊2 高砂丸《たかさごまる》：戦前《せんぜん》は国内《こくない》を就航《しゅうこう》した大型客船《おおがたきゃくせん》。戦後《せんご》、シベリアなどからの引《ひ》き揚《あ》げ者《しゃ》の輸送《ゆそう》で活躍《かつやく》した。
＊3 魚雷《ぎょらい》：海戦用《かいせんよう》の兵器《へいき》。自力《じりき》で水中《すいちゅう》を進《すす》み、敵《てき》の艦船《かんせん》に命中《めいちゅう》して爆破《ばくは》する。

そのとき世界では？

「東西冷戦《とうざいれいせん》」

「東西《とうざい》」とは、ソ連《れん》を中心《ちゅうしん》とする東側諸国《ひがしがわしょこく》（社会《しゃかい》主義《しゅぎ》⇒P42国《こく》）とアメリカなどの西側諸国《にしがわしょこく》（資《し》本主義《ほんしゅぎ》⇒P42国《こく》）をさします。また「冷戦《れいせん》」とは、軍隊《ぐんたい》が直接《ちょくせつ》ぶつかる戦争《せんそう》＝熱《あつ》い戦争《せんそう》に対《たい》して、直接《ちょくせつ》の戦争《せんそう》ではない冷《つめ》たい戦争《せんそう》という意味《いみ》の言葉《ことば》です。

第二次世界大戦後《だいにじせかいたいせんご》、ソ連《れん》は東《ひがし》ヨーロッパの国《くに》ぐにを次《つぎ》つぎと自国《じこく》の影響下《えいきょうか》におきました。それらの国《くに》の実情《じつじょう》はほかの国《くに》に明《あき》らかにされることがなかったので、イギリス首相《しゅしょう》チャーチルは、これを「鉄《てつ》のカーテン」とよびました。

一方《いっぽう》、ほぼ同《おな》じ時期《じき》に、アメリカはヨーロッパの西側諸国《にしがわしょこく》を支援《しえん》して、ソ連《れん》を封《ふう》じこめる政策《せいさく》を打《う》ちだしました。さらにトルーマン大統領《だいとうりょう》が「トルーマン・ドクトリン＊1」を発表《はっぴょう》。世界《せかい》を自由主義《じゆうしゅぎ》（善《ぜん》）と共産主義《きょうさんしゅぎ》（悪《あく》）にわけて、アメリカは悪《あく》と対決《たいけつ》すると宣言《せんげん》したのです。

こうして、アメリカとソ連《れん》による東西冷戦《とうざいれいせん》がはじまり、その影響《えいきょう》は世界各地《せかいかくち》におよびました。

１９４９年《ねん》にはアメリカと西側諸国《にしがわしょこく》によって北大西洋条約機構《きたたいせいようじょうやくきこう》（NATO《ナトー》）⇒P41という軍事同盟《ぐんじどうめい》が、１９５５年《ねん》には、ソ連《れん》が中心《ちゅうしん》になってワルシャワ条約機構《じょうやくきこう》（WTO《ダブリューティーオー》）⇒P43という軍事同盟《ぐんじどうめい》がつくられました。

ドイツは東西《とうざい》に分裂《ぶんれつ》して、東《ひがし》ドイツをソ連《れん》が、西《にし》ドイツをアメリカ、イギリス、フランスが管理《かんり》。首都《しゅと》ベルリンも東西《とうざい》に分割《ぶんかつ》されました。

中国《ちゅうごく》では、中国共産党《ちゅうごくきょうさんとう》が建国《けんこく》を宣言《せんげん》し、アメリカが支援《しえん》していた中国国民党《ちゅうごくこくみんとう》は台湾《たいわん》にのがれました。朝鮮半島《ちょうせんはんとう》は、北緯《ほくい》38度線《どせん》をさかいに、北《きた》をソ連《れん》が、南《みなみ》をアメリカが占領《せんりょう》し、１９４８年《ねん》にそれぞれ国家《こっか》として独立《どくりつ》していきました。

アメリカとソ連《れん》の核兵器開発競争《かくへいきかいはつきょうそう》は激《はげ》しさを増《ま》し、世界《せかい》はあらたな核戦争《かくせんそう》の脅威《きょうい》におびやかされることになったのです。

1955年当時《ねんとうじ》の世界《せかい》の軍事体制《ぐんじたいせい》

＊1 トルーマン・ドクトリン：1947年《ねん》3月《がつ》に発表《はっぴょう》。アメリカがギリシャ、トルコを援助《えんじょ》し、両国《りょうこく》の共産主義化《きょうさんしゅぎか》を防《ふせ》ぐ決意《けつい》をあらわしたもの。これ以降《いこう》、世界規模《せかいきぼ》での反《はん》ソ連《れん》・反共産主義政策《はんきょうさんしゅぎせいさく》をおこなっていった。

そのとき世界では？ 植民地《しょくみんち》が次《つぎ》つぎに独立《どくりつ》

世界《せかい》の国《くに》ぐにが東西冷戦《とうざいれいせん》にまきこまれる一方《いっぽう》で、世界《せかい》ではもう1つの動《うご》きがあらわれました。かつての植民地《しょくみんち》が独立《どくりつ》し、世界地図《せかいちず》が大《おお》きくかわっていったのです。

第二次世界大戦《だいにじせかいたいせん》で勝利《しょうり》した連合国《れんごうこく》、敗戦《はいせん》した日本《にほん》を問《と》わず、戦争《せんそう》による出費《しゅっぴ》がかさんで、植民地《しょくみんち》をもっていた国《くに》は、それを維持《いじ》するだけの国力《こくりょく》がなくなりました。戦争中《せんそうちゅう》から独立運動《どくりつうんどう》が活発《かっぱつ》だった国《くに》もありました。その結果《けっか》、戦争《せんそう》が終《お》わるとともに、植民地《しょくみんち》が独立《どくりつ》をはたすことになったのです。

東南《とうなん》アジアでは、フランス領《りょう》のベトナムが独立《どくりつ》を宣言《せんげん》（1945年《ねん》）し、日本《にほん》に占領《せんりょう》されていたフィリピンも独立《どくりつ》（1946年《ねん》）。さらにオランダ領《りょう》だったインドネシアが独立《どくりつ》（1949年《ねん》）し、それ以降《いこう》、カンボジア、ラオスなどの国《くに》ぐにも次《つぎ》つぎと独立《どくりつ》していきました。また、南《みなみ》アジアでは、1947年《ねん》にインド、パキスタンがイギリスから独立《どくりつ》。翌《よく》年《ねん》、セイロン（スリランカ）が独立《どくりつ》しました。中国《ちゅうごく》では、1949年《ねん》10月1日《がつついたち》、毛沢東《マオツォトン》*1が天安門《てんあんもん》*2の壇上《だんじょう》に立《た》って中《ちゅう》華人民共和国《かじんみんきょうわこく》の建国《けんこく》を宣言《せんげん》しました。

池上解説

日本《にほん》は反対《はんたい》に植民地《しょくみんち》に！

世界《せかい》の国《くに》ぐにの独立《どくりつ》の一方《いっぽう》で、この時期《じき》、日《に》本《ほん》は敗戦国《はいせんこく》としてGHQ《ジーエイチキュー》の支配《しはい》を受《う》けていた。日本《にほん》が独立《どくりつ》するのは数年先《すうねんさき》（1951年《ねん》）のことだよ。

▲毛沢東《マオツォトン》の肖像《しょうぞう》がかかげられた、北京《ペキン》の天安門広場《てんあんもんひろば》。

＊1 毛沢東《マオツォトン》：1893～1976年《ねん》。中国《ちゅうごく》の政治家《せいじか》、思想家《しそうか》。中華人民共和国《ちゅうかじんみんきょうわこく》の建国《けんこく》と同時《どうじ》に国家主席《こっかしゅせき》・党中央委員会主席《とうちゅうおういいんかいしゅせき》に就任《しゅうにん》し、死去《しきょ》するまで最高指導者《さいこうしどうしゃ》の地位《ちい》についた。 ＊2 天安門《てんあんもん》：中国《ちゅうごく》の北京《ペキン》にある城門《じょうもん》。

そのとき日本では？

戦後《せんご》の選挙《せんきょ》

1946年《ねん》4月《がつ》、新《あたら》しい選挙法《せんきょほう》による衆議院議員総選挙《しゅうぎいんぎいんそうせんきょ》がおこなわれました。

新選挙法《しんせんきょほう》では、女性参政権《じょせいさんせいけん》が認《みと》められ、満《まん》20歳以上《さいいじょう》の男女《だんじょ》に選挙権《せんきょけん》があたえられたので、有権者《ゆうけんしゃ》はそれまでの3倍近《ばいちか》くに増《ふ》え、全人口《ぜんじんこう》の半分《はんぶん》に達《たっ》しました。

選挙結果《せんきょけっか》は、日本自由党《にほんじゆうとう》が141議席《ぎせき》で第《だい》1党《とう》に、日本進《にほんしん》歩党《ぽとう》が94議席《ぎせき》で第《だい》2党《とう》となり、両党《りょうとう》による連立政権《れんりつせいけん》で吉田茂《よしだしげる》⇒P43内閣《ないかく》が誕生《たんじょう》しました。この選挙《せんきょ》では、女性議員《じょせいぎいん》が39人当選《にんとうせん》しています。

▲1946年《ねん》に総理大臣《そうりだいじん》に就任《しゅうにん》した吉田茂《よしだしげる》。

国立国会図書館所蔵

この新《あたら》しい議会《ぎかい》のもとで、日本国憲法《にほんこくけんぽう》が審議《しんぎ》・可決《かけつ》されることになったのです。

1947年《ねん》4月《がつ》には、新《あたら》しい憲法《けんぽう》ができてはじめての選挙《せんきょ》がおこなわれました。第《だい》1回参院選《かいさんいんせん》*1と衆院選《しゅういんせん》*2です。衆院選《しゅういんせん》の結果《けっか》は、日本社会党《にっぽんしゃかいとう》（社会党《しゃかいとう》）が143議席《ぎせき》を得《え》て第《だい》1党《とう》になり、日本自由党《にほんじゆうとう》は131議席《ぎせき》、民主党《みんしゅとう》121議《ぎ》席《せき》、国民協同党《こくみんきょうどうとう》29議席《ぎせき》となりました。

戦前《せんぜん》の保守勢力《ほしゅせいりょく》にかわる新《あたら》しい政党《せいとう》として、国民《こくみん》が社会党《しゃかいとう》に期待《きたい》した結果《けっか》、社会党《しゃかいとう》がのびたのです。しかし社会党《しゃかいとう》の議《ぎ》席《せき》だけでは過半数《かはんすう》に達《たっ》しないため、民主党《みんしゅとう》、国民協同党《こくみんきょうどうとう》との三党連立《さんとうれんりつ》によって、社会党委員長《しゃかいとういいんちょう》の片山哲《かたやまてつ》⇒P41内閣《ないかく》が誕生《たんじょう》。

ところが、この内閣《ないかく》はわずか9か月《げつ》で辞職《じしょく》します。社会党内《しゃかいとうない》部《ぶ》での左右対立《さゆうたいりつ》が原因《げんいん》でした。

そのあとをひきついだ芦田均《あしだひとし》⇒P41内閣《ないかく》も7か月《げつ》で辞職《じしょく》。1948年《ねん》10月《がつ》からはふたたび吉田茂《よしだしげる》が総理《そうり》をつとめ、以降《いこう》6年《ねん》にわたる吉田内閣時代《よしだないかくじだい》が続《つづ》いていきます。

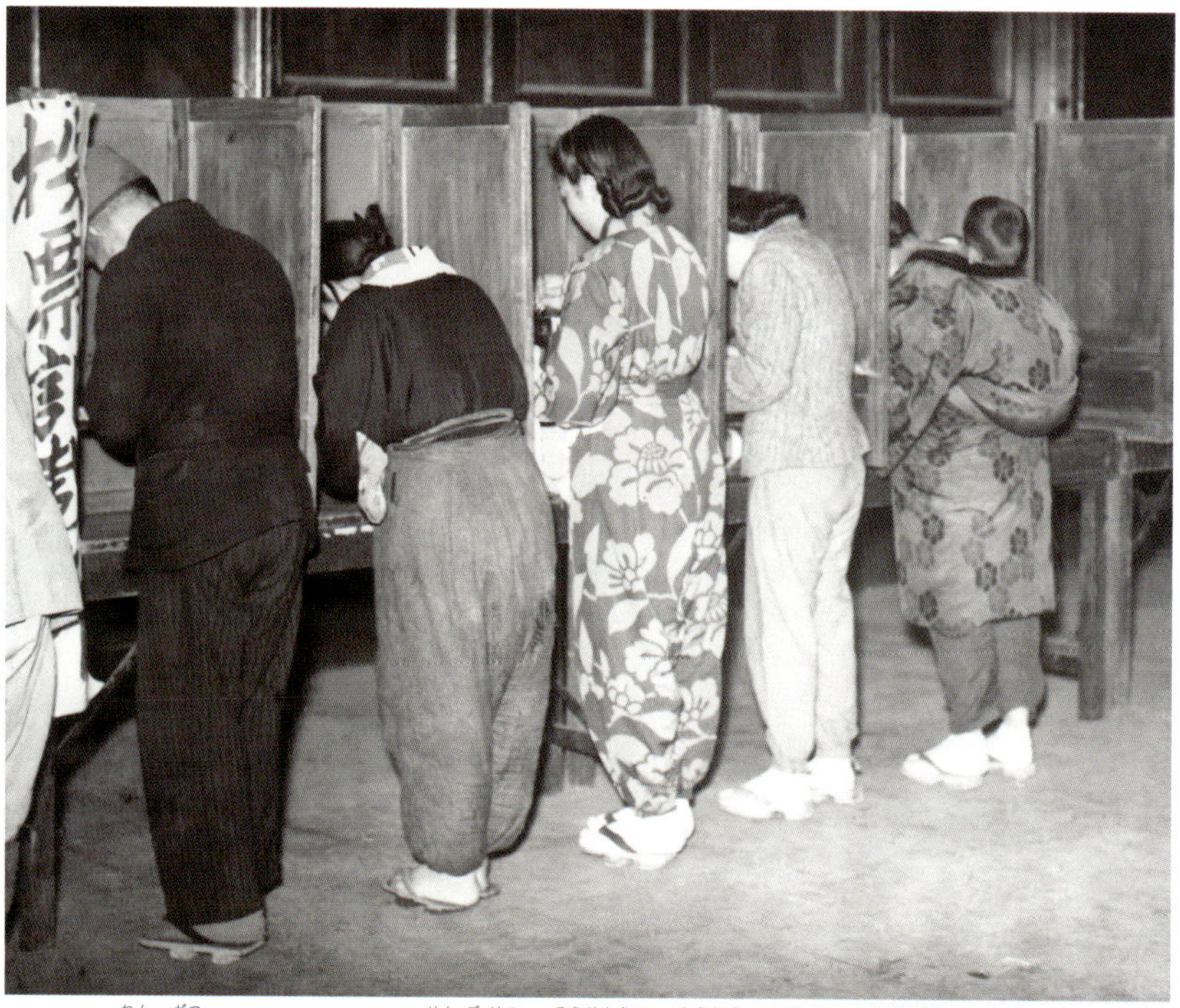

▲1946年《ねん》4月《がつ》におこなわれた戦後初《せんごはつ》の総選挙《そうせんきょ》（東京《とうきょう》・四谷《よつや》の投票所《とうひょうじょ》）。女性《じょせい》にも参《さん》政権《せいけん》が認《みと》められた。

写真：共同通信社/ユニフォトプレス

*1 参院選《さんいんせん》：参議院議員通常選挙《さんぎいんぎいんつうじょうせんきょ》。 *2 衆院選《しゅういんせん》：衆議院議員総選挙《しゅうぎいんぎいんそうせんきょ》。戦前《せんぜん》は衆議院《しゅうぎいん》と貴族院《きぞくいん》からなる帝国議会《ていこくぎかい》が、現在《げんざい》の国会《こっかい》にあたる役割《やくわり》をはたしていたが、戦後《せんご》は参議院《さんぎいん》と衆議院《しゅうぎいん》からなる国会《こっかい》が組織《そしき》されている。

郵便はがき

料金受取人払郵便

山科局承認

128

差出有効期間
平成28年1月
20日まで

607-8790

（受　取　人）
京都市山科区
日ノ岡堤谷町1番地

ミネルヴァ書房

読者アンケート係 行

◆ 以下のアンケートにお答え下さい。

お求めの
書店名＿＿＿＿＿＿＿＿市区町村＿＿＿＿＿＿＿＿＿＿＿＿＿＿書店

＊ この本をどのようにしてお知りになりましたか？ 以下の中から選び、3つまで○をお付け下さい。

A.広告（　　　　）を見て　B.店頭で見て　C.知人・友人の薦め
D.著者ファン　E.図書館で借りて　F.教科書として
G.ミネルヴァ書房図書目録　H.ミネルヴァ通信
I.書評（　　　　）をみて　J.講演会など　K.テレビ・ラジオ
L.出版ダイジェスト　M.これから出る本　N.他の本を読んで
O.DM　P.ホームページ（　　　　　　　　）をみて
Q.書店の案内で　R.その他（　　　　　　　　）

書名　お買上の本のタイトルをご記入下さい。

◆上記の本に関するご感想、またはご意見・ご希望などをお書き下さい。
文章を採用させていただいた方には図書カードを贈呈いたします。

◆よく読む分野（ご専門）について、3つまで○をお付け下さい。

1. 哲学・思想　2. 世界史　3. 日本史　4. 政治・法律
5. 経済　6. 経営　7. 心理　8. 教育　9. 保育　10. 社会福祉
11. 社会　12. 自然科学　13. 文学・言語　14. 評論・評伝
15. 児童書　16. 資格・実用　17. その他（　　　　）

〒 ご住所 Tel　（　　）		
ふりがな お名前	年齢 歳	性別 男・女
ご職業・学校名 （所属・専門）		
Eメール		

ミネルヴァ書房ホームページ　http://www.minervashobo.co.jp/
＊新刊案内（DM）不要の方は × を付けて下さい。 □

そのとき日本では？

新《あたら》しい教育制度《きょういくせいど》

GHQ《ジーエイチキュー》は戦後《せんご》まもなく、教育《きょういく》の民主化《みんしゅか》を打《う》ちだしました。軍国主義教育《ぐんこくしゅぎきょういく》の禁止《きんし》。教科書《きょうかしょ》の軍事関連《ぐんじかんれん》の記述《きじゅつ》の削除《さくじょ》（スミぬり）。教師《きょうし》として不適格者《ふてきかくしゃ》の追放《ついほう》（教職追放《きょうしょくついほう》）。修身《しゅうしん》*1、国史《こくし》*2、地理《ちり》の授業停止《じゅぎょうていし》。これらの政策《せいさく》を通《とお》して、教育《きょういく》の民主《みんしゅ》化《か》をめざそうとしたのです。

ほぼ同《おな》じ時期《じき》に、「くにのあゆみ」「日本《にほん》の歴史《れきし》」「あたらしい憲法《けんぽう》のはなし」などの新《あたら》しい教科書《きょうかしょ》・副読本《ふくどくほん》もつくられました。

1946年《ねん》に公布《こうふ》された日本国憲法《にほんこくけんぽう》では、「教育《きょういく》を受《う》ける権利《けんり》」が明記《めいき》され、翌年《よくねん》、「教育基本法《きょういくきほんほう》」「学校教育法《がっこうきょういくほう》」が制《せい》定《てい》されました。そしてそれらによって、教育《きょういく》の機会均等《きかいきんとう》、小《しょう》学校《がっこう》・中学校《ちゅうがっこう》の9年間《ねんかん》の義務教育《ぎむきょういく》、男女共学《だんじょきょうがく》、小学校《しょうがっこう》・中学《ちゅうがっ》校《こう》・高等学校《こうとうがっこう》・大学《だいがく》の6・3・3・4制《せい》などが決《き》まりました。今日《こんにち》の学校制度《がっこうせいど》の基本《きほん》となる制度《せいど》です。また、教科書《きょうかしょ》はそれまでの国定教科書《こくていきょうかしょ》から、検定教科書《けんていきょうかしょ》⇒P41にかわりました。

さらに独自《どくじ》の教育行政《きょういくぎょうせい》をになう教育委員会《きょういくいいんかい》*3が設置《せっち》されることになりました。このころに、日本教職員組合《にほんきょうしょくいんくみあい》⇒P43（日《にっ》教組《きょうそ》）が結成《けっせい》され、それから長《なが》いあいだ、教育行政《きょういくぎょうせい》をめぐって、日教組《にっきょうそ》と文部省《もんぶしょう》⇒P43（現在《げんざい》の文部科学省《もんぶかがくしょう》）の対立《たいりつ》が続《つづ》きました。

この教育《きょういく》の民主化政策《みんしゅかせいさく》はその後《ご》、冷戦《れいせん》の激化《げきか》とともに方向《ほうこう》転換《てんかん》していくことになるのです。

▲1946年《ねん》11月《がつ》、日本国憲法《にほんこくけんぽう》の公布《こうふ》を記念《きねん》し、東京《とうきょう》の皇居前広場《こうきょまえひろば》で開《ひら》かれた東京都民《とうきょうとみん》の祝賀会《しゅくがかい》。天皇《てんのう》も出席《しゅっせき》し、多《おお》くの人《ひと》びとが集《あつ》まった。

写真：毎日新聞社

*1 修身《しゅうしん》：第二次世界大戦以前《だいにじせかいたいせんいぜん》の、小《しょう》・中学校《ちゅうがっこう》などの教科《きょうか》の１つで、道徳教育《どうとくきょういく》のこと。　*2 国史《こくし》：国《くに》の歴史《れきし》のこと。
*3 教育委員会《きょういくいいんかい》：教育《きょういく》に関《かん》する事務《じむ》をおこなうため、都道府県《とどうふけん》や市町村《しちょうそん》に設置《せっち》される機関《きかん》。

そのとき日本では？

戦後《せんご》まもない学校《がっこう》のようす

・**スミぬり教科書《きょうかしょ》**：戦前《せんぜん》につかわれていた教科書《きょうかしょ》は、国《くに》が編《へん》集《しゅう》・発行《はっこう》する「国定教科書《こくていきょうかしょ》」とよばれるものでした。その中身《なかみ》は、子《こ》どもたちを戦争《せんそう》にかりたてるための軍国主義的《ぐんこくしゅぎてき》なものでうめつくされていました。

敗戦直後《はいせんちょくご》の9月《がつ》から授業《じゅぎょう》をはじめるにあたり、文部省《もんぶしょう》は教科書《きょうかしょ》のなかの軍国主義的《ぐんこくしゅぎてき》な記述《きじゅつ》を消《け》すように指示《しじ》しました。新《あたら》しい教科書《きょうかしょ》がまにあわず、これまでの教科書《きょうかしょ》のなかの不適当《ふてきとう》な箇所《かしょ》を削除《さくじょ》してつかわざるを得《え》なかったのです。先生《せんせい》の指示《しじ》にしたがって、子《こ》どもたちは教科書《きょうかしょ》を筆《ふで》とスミでぬりつぶすことになりました。戦争《せんそう》を思《おも》いださせるような「兵隊《へいたい》」「ばんざい」「飛行機《ひこうき》」などの言葉《ことば》を次《つぎ》つぎに消《け》していった結果《けっか》、全面《ぜんめん》まっ黒《くろ》になったページも出《で》てきました。子《こ》どもたちはなぜその部分《ぶぶん》を消《け》すのか、理由《りゆう》を教《おし》えてもらえないまま、スミをぬっていったのです。

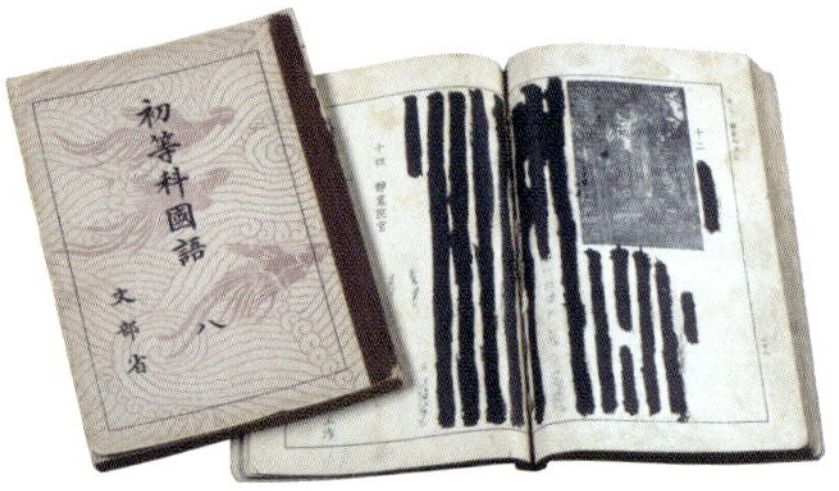
▲スミがぬられた国語《こくご》の教科書《きょうかしょ》。 昭和館所蔵

・**青空教室《あおぞらきょうしつ》**：空襲《くうしゅう》によって校舎《こうしゃ》が焼失《しょうしつ》していた都市《とし》では、校《こう》庭《てい》などの空地《あきち》を利用《りよう》して授業《じゅぎょう》がおこなわれました。そこには机《つくえ》やいすもなく、鉛筆《えんぴつ》などの筆記用具《ひっきようぐ》をもっていない子《こ》どもたちもいました。

・**学校給食《がっこうきゅうしょく》**：明治時代《めいじじだい》にはじまった学校給食《がっこうきゅうしょく》は、まずしくて十分《じゅうぶん》に栄養《えいよう》をとれない「欠食児童《けっしょくじどう》＊1」のためのものでした。戦争中《せんそうちゅう》は中断《ちゅうだん》しましたが、戦後《せんご》、東京《とうきょう》などの都市部《としぶ》で再開《さいかい》されたのをきっかけに「学校給食法《がっこうきゅうしょくほう》＊2」ができて、給食《きゅうしょく》は福祉《ふくし》でなく教育《きょういく》の一環《いっかん》と位置《いち》づけられました。

給食《きゅうしょく》では、アメリカ産《さん》の小麦粉《こむぎこ》をつかったパンと脱脂粉《だっしふん》乳《にゅう》のミルクが出《だ》されました。もともと子《こ》どもたちの栄養不《えいようふ》良《りょう》を改善《かいぜん》するのが目的《もくてき》でしたが、一方《いっぽう》で、アメリカで余《あま》った小麦《こむぎ》を日本《にほん》で消費《しょうひ》させる政策《せいさく》があったといわれています。

それでも、満《まん》足《ぞく》に三度《さんど》の食事《しょくじ》を口《くち》にすることのできなかった当時《とうじ》の子《こ》どもたちにとっては、給食《きゅうしょく》は待《ま》ちどおしい時間《じかん》でもありました。

▲戦後《せんご》の学校給食《がっこうきゅうしょく》のようす。 写真：昭和館提供

＊1 欠食児童《けっしょくじどう》：食事《しょくじ》が十分《じゅうぶん》にとれない子《こ》どものこと。　＊2 学校給食法《がっこうきゅうしょくほう》：1954年制定《ねんせいてい》。学校給食《がっこうきゅうしょく》により児童《じどう》の健康《けんこう》を増進《ぞうしん》し、のぞましい食習慣《しょくしゅうかん》を養《やしな》うことなどを目的《もくてき》としている。

そのとき日本では？

戦後《せんご》のくらし

敗戦後《はいせんご》、ようやく平和《へいわ》がもどってきました。しかし、たび重《かさ》なる空襲《くうしゅう》によって国土《こくど》は荒《あ》れはて、住《す》む家《いえ》を失《うしな》った人《ひと》が900万人《まんにん》以上《いじょう》にものぼりました。

空襲《くうしゅう》や食料不足《しょくりょうぶそく》が原因《げんいん》で、数百万人《すうひゃくまんにん》の人《ひと》が負傷《ふしょう》、病気《びょうき》、栄養失調《えいようしっちょう》におちいっていました。とくに食料不足《しょくりょうぶそく》は深刻《しんこく》で、人《ひと》びとはこんどは飢《う》えと戦《たたか》わなければならなかったのです。

敗戦《はいせん》とともに、戦争中《せんそうちゅう》の配給制度《はいきゅうせいど》がまひ。米《こめ》などの配給量《はいきゅうりょう》そのものが少《すく》なく、しかも遅配《ちはい》・欠配《けっぱい》があいつぎました。米《こめ》のかわりの「代用食《だいようしょく》」として、さつまいもやとうもろこしが配給《はいきゅう》になりましたが、これも遅配《ちはい》・欠配《けっぱい》が続《つづ》きました。

そこで、人《ひと》びとは「闇市《やみいち》*1」とよばれる市場《いちば》にむかいました。東京《とうきょう》・新宿《しんじゅく》には、敗戦後《はいせんご》すぐに闇市《やみいち》が開《ひら》かれました。

また、食料《しょくりょう》を手《て》に入《い》れることがむずかしかった都会《とかい》の人《ひと》たちは、「買《か》い出《だ》し列車《れっしゃ》」に乗《の》って、農村《のうそん》に買《か》い出《だ》しにいきました。

お金《かね》がない人《ひと》は衣類《いるい》などを売《う》ってお金《かね》にかえ、食料《しょくりょう》を買《か》いました。着《き》ている衣類《いるい》を次《つぎ》つぎとぬいで食料《しょくりょう》にかえていくようすが、タケノコの皮《かわ》を1枚《まい》ずつはがしていくようだとして、「タケノコ生活《せいかつ》」とよばれました。

この時期《じき》、各地《かくち》で米《こめ》の配給《はいきゅう》をもとめる「米《こめ》よこせ大会《たいかい》」が開《ひら》かれ、食糧《しょくりょう》メーデー*2もおこなわれました。それほどに、人《ひと》びとは追《お》いつめられていたのです。

そうした時代《じだい》、ラジオからは『リンゴの唄《うた》』が流《なが》れ、人《ひと》びとのすさんだ心《こころ》をなごませていました。

池上解説

判事《はんじ》も栄養失調《えいようしっちょう》で……

1947年《ねん》に、東京地裁《とうきょうちさい》の山口良忠判事《やまぐちよしただはんじ》が栄《えい》養失調《ようしっちょう》で死亡《しぼう》した事件《じけん》は、国民《こくみん》に大《おお》きなショックをあたえたよ。彼《かれ》は法律《ほうりつ》を守《まも》る立場《たちば》にあったので、闇市《やみいち》に頼《たよ》らずに、配給《はいきゅう》だけで生活《せいかつ》していたけれど、ついに栄養失調《えいようしっちょう》で亡《な》くなったんだ。

もっと知りたい！

『リンゴの唄《うた》』

【作詞《さくし》】サトウ　ハチロー　【作曲《さっきょく》】万城目《まんじょうめ》　正《ただし》

1\.
赤《あか》いリンゴに　くちびる寄《よ》せて
だまって見《み》ている　青《あお》い空《そら》
リンゴは何《なん》にも　云《い》わないけれど
リンゴの気持《きもち》は　よくわかる
リンゴ可愛《かわ》いや　可愛《かわ》いやリンゴ

2\.
あの娘《こ》よい子《こ》だ　気《き》だてのよい娘《こ》
リンゴによく似《に》た　可愛《かわ》いい娘《こ》
どなたが云《い》ったか　うれしいうわさ
軽《かる》いクシャミも　とんで出《で》る
リンゴ可愛《かわ》いや　可愛《かわ》いやリンゴ

3\.
朝《あさ》のあいさつ　夕《ゆう》べの別《わか》れ
いとしいリンゴに　さゝ《さ》やけば
言葉《ことば》は出《だ》さずに　小《こ》くびをまげて
あすもまたネと　夢見顔《ゆめみがお》
リンゴ可愛《かわ》いや　可愛《かわ》いやリンゴ

4\.
歌《うた》いましょうか　リンゴの歌《うた》を
二人《ふたり》で歌《うた》えば　なお楽《たの》し
皆《みん》なで歌《うた》えば　なおなおうれし
リンゴの気持《きもち》を　伝《つた》えよか
リンゴ可愛《かわ》いや　可愛《かわ》いやリンゴ

「にっぽんの流行歌」（二見書房、1979年）より

*1 闇市《やみいち》：違法《いほう》に品物《しなもの》を売《う》る店《みせ》が集《あつ》まったところ。　*2 食糧《しょくりょう》メーデー：1946年《ねん》5月《がつ》、皇居前広場《こうきょまえひろば》でおこなわれた「飯米獲得人民大会《はんまいかくとくじんみんたいかい》」のこと。約《やく》25万人《まんにん》の人《ひと》びとが参加《さんか》し、食料難《しょくりょうなん》の改善《かいぜん》をうったえてデモをおこなった。

パート3 日本《にほん》の独立《どくりつ》

第二次世界大戦直後《だいにじせかいたいせんちょくご》からはじまったアメリカとソ連《れん》による冷戦《れいせん》は、世界《せかい》じゅうへ飛《と》び火《ひ》していきます。ところが、アメリカとソ連《れん》が、戦火《せんか》を直接《ちょくせつ》まじえることはありませんでした。いったいどういうことでしょう。

そのとき世界では？

世界各地《せかいかくち》での対立《たいりつ》

第二次世界大戦後《だいにじせかいたいせんご》、ヨーロッパではドイツ第三帝国《だいさんていこく》*1の消滅《しょうめつ》で、ヨーロッパ諸国《しょこく》が復活《ふっかつ》。戦時中《せんじちゅう》にソ連軍《れんぐん》が占領《せんりょう》した地域《ちいき》でポーランド、ハンガリー、ルーマニア、ブルガリア、アルバニアなどが次《つぎ》つぎに社会主義体制《しゃかいしゅぎたいせい》を成立《せいりつ》させます。アジアでは日本《にほん》の大東亜共栄圏《だいとうあきょうえいけん》*2が崩壊《ほうかい》し、中国大陸《ちゅうごくたいりく》、朝鮮半島《ちょうせんはんとう》、東南《とうなん》アジアから日本支配《にほんしはい》の影《かげ》が消《き》えました。

その一方《いっぽう》、アメリカ大統領《だいとうりょう》トルーマンは、自由主義《じゆうしゅぎ》を否定《ひてい》して自国《じこく》の影響力《えいきょうりょく》を拡大《かくだい》しようとするソ連《れん》のスターリンに対《たい》し、不信感《ふしんかん》を強《つよ》めていきます。その結果《けっか》、世界各地《せかいかくち》に深刻《しんこく》な対立《たいりつ》が起《お》こります。もっとも激《はげ》しかったのが、ドイツと朝鮮半島《ちょうせんはんとう》でした。

戦後《せんご》、イギリス、フランス、アメリカ、ソ連《れん》の四大国《よんたいこく》で分割占領《ぶんかつせんりょう》されたドイツでは、アメリカなどをバックにして西《にし》ドイツが独立《どくりつ》。一方《いっぽう》、ソ連《れん》の支援《しえん》を受《う》けて、東《ひがし》ドイツも独立《どくりつ》しました。その後《ご》、両国《りょうこく》は対立《たいりつ》を激化《げきか》させます。

朝鮮半島《ちょうせんはんとう》では1950年《ねん》6月《がつ》、朝鮮戦争《ちょうせんせんそう》が勃発《ぼっぱつ》しました。

アメリカ・ソ連《れん》を中心《ちゅうしん》とする対立《たいりつ》

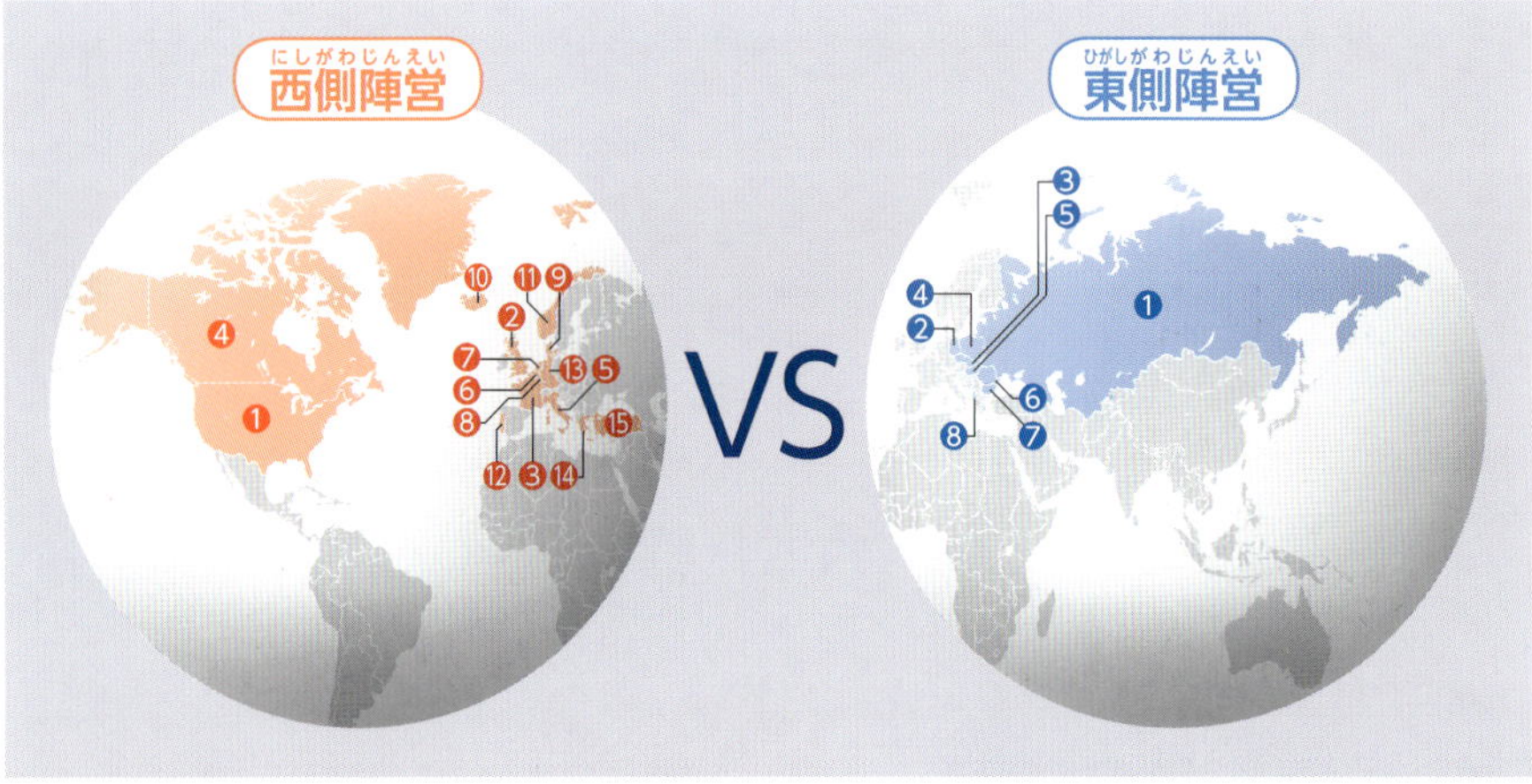

NATO《ナトー》（北大西洋条約機構《きたたいせいようじょうやくきこう》）

1955年《ねん》の加盟国《かめいこく》

①アメリカ ②イギリス ③フランス ④カナダ ⑤イタリア ⑥ベルギー ⑦オランダ ⑧ルクセンブルク ⑨デンマーク ⑩アイスランド ⑪ノルウェー ⑫ポルトガル ⑬西《にし》ドイツ ⑭ギリシャ ⑮トルコ

WTO《ダブリューティーオー》（ワルシャワ条約機構《じょうやくきこう》）

1955年《ねん》の加盟国《かめいこく》

①ソ連《れん》 ②東《ひがし》ドイツ ③チェコスロバキア ④ポーランド ⑤ハンガリー ⑥ルーマニア ⑦ブルガリア ⑧アルバニア

*1 ドイツ第三帝国《だいさんていこく》：1933～1945年《ねん》の、ナチス支配下《しはいか》のドイツ。 *2 大東亜共栄圏《だいとうあきょうえいけん》：日本《にほん》を中心《ちゅうしん》とした東《ひがし》アジアの経済《けいざい》・政治《せいじ》・軍事共同体《ぐんじきょうどうたい》。第二次世界大戦中《だいにじせかいたいせんちゅう》に日本《にほん》が理想《りそう》としてかかげたが、実際《じっさい》はアジア諸国《しょこく》の反発《はんぱつ》を招《まね》いた。

そのとき世界では？

ドイツの占領《せんりょう》

敗戦後《はいせんご》ドイツは、国内《こくない》を流《なが》れるエルベ川《がわ》をはさんで、西側《にしがわ》をアメリカ、イギリス、フランスの西側陣営《にしがわじんえい》が、東側《ひがしがわ》をソ連《れん》が占領管理《せんりょうかんり》していました。首都《しゅと》ベルリンは、ソ連占領地《れんせんりょうち》域《いき》にありましたが、そのなかが西側陣営《にしがわじんえい》とソ連《れん》とで東西《とうざい》ベルリンにわけられました。

戦後《せんご》のドイツをどのように立《た》てなおすかで、アメリカが、州政府《しゅうせいふ》に権限《けんげん》をまかせる連邦体制《れんぽうたいせい》をめざしたのに対《たい》して、ソ連《れん》は土地《とち》を没収《ぼっしゅう》した上《うえ》で基幹産業《きかんさんぎょう》*1を国有化《こくゆうか》し、ドイツをソ連《れん》のようにしようとしました。

首都《しゅと》のベルリンでは市議会選挙《しぎかいせんきょ》とそれに続《つづ》く市長選出《しちょうせんしゅつ》がおこなわれ、アメリカ側《がわ》、ソ連側《れんがわ》で国《くに》がまっぷたつになりました。また、通貨《つうか》の問題《もんだい》でも激《はげ》しく対立《たいりつ》。ソ連《れん》がドイツの印刷《いんさつ》機械《きかい》をつかって紙幣《しへい》を大量《たいりょう》に発行《はっこう》すると、それによりインフレ⇒P41を招《まね》くと考《かんが》えたアメリカ陣営《じんえい》は、独自《どくじ》の通貨《つうか》を発行《はっこう》し対抗《たいこう》。するとソ連《れん》は突然《とつぜん》、西《にし》ベルリンを封鎖《ふうさ》したのです。

第二次世界大戦後《だいにじせかいたいせんご》のドイツ

『山川世界史総合図録』（山川出版社、1994年）より作成

もっと知りたい！ ベルリン封鎖《ふうさ》（1948年《ねん》）

西《にし》ベルリンには、ドイツ西部《せいぶ》から鉄道《てつどう》やアウトバーン（高速道路《こうそくどうろ》）がつながっていました。ソ連《れん》は突然《とつぜん》、これらを通行止《つうこうど》めにし、外部《がいぶ》から供給《きょうきゅう》される電力《でんりょく》、食料《しょくりょう》、原料《げんりょう》、石炭《せきたん》などをすべて断《た》ちました。西《にし》ベルリンは「陸《りく》の孤島《ことう》」となって、「兵糧攻《ひょうろうぜ》め」の危機《きき》に立《た》たされました。

アメリカは軍用機《ぐんようき》で、西《にし》ベルリン市内《しない》の2つの飛行場《ひこうじょう》に物資《ぶっし》の輸送《ゆそう》をくりかえしました。これは「空《そら》の掛《か》け橋作戦《はしさくせん》」とよばれ、のべ27万《まん》7千回《せんかい》にもおよびました。こうして西《にし》ベルリンの約《やく》225万人《まんにん》の市民《しみん》はかろうじて飢餓《きが》をまぬかれました。

約《やく》11か月後《げつご》に封鎖《ふうさ》は解除《かいじょ》されましたが、1961年《ねん》には東《ひがし》ドイツによって「ベルリンの壁《かべ》*2」がつくられ、その後《ご》、東西《とうざい》ドイツの対立《たいりつ》は1989年《ねん》のベルリンの壁崩壊《かべほうかい》まで続《つづ》きました。

▲ベルリン封鎖《ふうさ》にともない、飛行機《ひこうき》で物資《ぶっし》の輸送《ゆそう》がおこなわれた。 U.S. Air Force photo

*1 基幹産業《きかんさんぎょう》：国《くに》の基礎《きそ》となる重要《じゅうよう》な産業《さんぎょう》。鉄鋼《てっこう》、エネルギー、機械産業《きかいさんぎょう》などをさす場合《ばあい》が多《おお》い。 *2 ベルリンの壁《かべ》：ベルリン市内《しない》を西《にし》と東《ひがし》に分断《ぶんだん》する高《たか》い壁《かべ》。東《ひがし》ドイツから西《にし》ドイツへの亡命者《ぼうめいしゃ》を阻止《そし》するためにつくられた。

そのとき日本では？

占領政策《せんりょうせいさく》の転換《てんかん》

日本占領《にほんせんりょう》の初期《しょき》、GHQ《ジーエイチキュー》は日本政府《にほんせいふ》に対《たい》し、非軍事《ひぐんじ》と民主《みんしゅ》化《か》を強《つよ》くもとめていました。しかし、冷戦《れいせん》の激化《げきか》にともなってその方針《ほうしん》はかわっていきます。アメリカが、ソ連《れん》、中国《ちゅうごく》などの共産主義国《きょうさんしゅぎこく》に対抗《たいこう》し、反共《はんきょう》の防波堤《ぼうはてい》となるように日本《にほん》を西側陣営《にしがわじんえい》にひきつけておこうと考《かんが》えたからです。

GHQ《ジーエイチキュー》は、そのために民主化《みんしゅか》を打《う》ちきって日本《にほん》の経済発展《けいざいはってん》をめざすことが必要《ひつよう》と考《かんが》えました。それまで、労働組合《ろうどうくみあい》の発《ほっ》足《そく》を支援《しえん》するなど、日本《にほん》の民主化《みんしゅか》をおしすすめてきたGHQ《ジーエイチキュー》は、労働運動《ろうどううんどう》が活発化《かっぱつか》すると日本《にほん》が社会主義化《しゃかいしゅぎか》するのではないかとおそれるようになります。その結果《けっか》、2・1ゼネスト*1中止命令《ちゅうしめいれい》（1947年《ねん》）、「政令《せいれい》201号《ごう》⇒P42」による公務《こうむ》員《いん》のストライキ禁止《きんし》、A級戦犯《エイきゅうせんぱん》の釈放《しゃくほう》（1948年《ねん》）、公職《こうしょく》追放解除《ついほうかいじょ》、レッドパージ⇒P43（1950年《ねん》）など、それまでの民主化路線《みんしゅかろせん》と逆行《ぎゃっこう》する政策《せいさく》を次《つぎ》つぎと打《う》ちだします。当《とう》時《じ》これは「逆《ぎゃく》コース」とよばれました。

一方《いっぽう》、経済面《けいざいめん》では、「経済安定九原則《けいざいあんていきゅうげんそく》⇒P41」、1ドル＝360円《えん》の単一為替《たんいつかわせ》レートをふくむ「ドッジライン⇒P43」などにより、インフレをおさえて、日本経済《にほんけいざい》の復興《ふっこう》・発展《はってん》をめざそうとしました。しかし、この政策《せいさく》は激《はげ》しい不況《ふきょう》を招《まね》きます。企業倒産《きぎょうとうさん》、人員整理《じんいんせいり》による失業者《しつぎょうしゃ》が急増《きゅうぞう》し、企業《きぎょう》や官《かん》公庁《こうちょう》の人員整理《じんいんせいり》をめぐる労使紛争《ろうしふんそう》が激化《げきか》してしまいます。

この時期《じき》には、下山《しもやま》・三鷹《みたか》・松川事件《まつかわじけん》といった、いまだに真相《しんそう》が明《あき》らかになっていない奇怪《きかい》な事件《じけん》があいついで起《お》こりました。これらの事件《じけん》の影響《えいきょう》で、労働運動《ろうどううんどう》は急速《きゅうそく》に後退《こうたい》していったのです。

もっと知りたい！ 下山《しもやま》・三鷹《みたか》・松川事件《まつかわじけん》

・下山事件《しもやまじけん》：国鉄《こくてつ》（現在《げんざい》のJR《ジェイアール》）総裁《そうさい》の下山定則《しもやまさだのり》が列車《れっしゃ》でひかれた死体《したい》で発見《はっけん》された事件《じけん》。当時《とうじ》、国鉄《こくてつ》は職員《しょくいん》の人《じん》員整理《いんせいり》で大混乱《だいこんらん》のさなかだったため、自殺説《じさつせつ》とともに、労働組合側《ろうどうくみあいがわ》などによる他殺説《たさつせつ》がいりみだれました。真相《しんそう》は不明《ふめい》。

・三鷹事件《みたかじけん》：東京《とうきょう》・三鷹駅車庫《みたかえきしゃこ》から無人電車《むじんでんしゃ》が暴走《ぼうそう》し、6人《にん》が死亡《しぼう》した事件《じけん》。労働組合員《ろうどうくみあいいん》ら12人《にん》が犯人《はんにん》とされましたが、裁判《さいばん》の結果《けっか》、1被告《ひこく》のみ有罪判決《ゆうざいはんけつ》。その後《ご》、再審《さいしん》申《もう》し立《た》てをしています。

・松川事件《まつかわじけん》：福島県《ふくしまけん》の松川《まつかわ》―金谷川駅《かなやがわえき》間《かん》で、列車《れっしゃ》が脱線《だっせん》して3人《にん》が死亡《しぼう》した事件《じけん》。国鉄《こくてつ》と東《とう》芝《しば》の労働組合員《ろうどうくみあいいん》20人《にん》が逮捕《たいほ》されましたが、裁判《さいばん》で全員《ぜんいん》無罪《むざい》が確定《かくてい》。

▲三鷹事件《みたかじけん》。1949年《ねん》7月《がつ》15日夜《にちよる》、無人電車《むじんでんしゃ》が商店街《しょうてんがい》を直撃《ちょくげき》した。　写真：毎日新聞社

*1　2.1ゼネスト：全国数百万人《ぜんこくすうひゃくまんにん》の労働者《ろうどうしゃ》が、賃《ちん》あげなどをうったえ1947年《ねん》2月1日《がつついたち》に大規模《だいきぼ》なストライキをおこなうことを宣言《せんげん》していた。ところが前日《ぜんじつ》の1月《がつ》31日《にち》、マッカーサーが中止《ちゅうし》を命令《めいれい》した。

そのとき世界では?

朝鮮戦争《ちょうせんせんそう》

第二次世界大戦後《だいにじせかいたいせんご》、朝鮮半島《ちょうせんはんとう》では北緯《ほくい》38度線《どせん》をさかいにして、南側《みなみがわ》をアメリカが、北側《きたがわ》をソ連《れん》が占領《せんりょう》しました。そして1948年《ねん》、北側《きたがわ》で朝鮮民主主義人民共和国《ちょうせんみんしゅしゅぎじんみんきょうわこく》（北朝鮮《きたちょうせん》）が、南側《みなみがわ》では大韓民国《だいかんみんこく》（韓国《かんこく》）がそれぞれ独立《どくりつ》します。このことは、アジアでも冷戦《れいせん》の構図《こうず》があらわれたことを意味《いみ》しました。

1950年《ねん》6月《がつ》25日《にち》、北朝鮮軍《きたちょうせんぐん》が38度線《どせん》をこえて韓国《かんこく》を攻撃《こうげき》。朝鮮戦争《ちょうせんせんそう》のはじまりです。国際連合《こくさいれんごう》（国連《こくれん》）はその日《ひ》の午後《ごご》には安全保障理事会《あんぜんほしょうりじかい》を開《ひら》き、戦争《せんそう》の即時中止《そくじちゅうし》や北朝鮮軍《きたちょうせんぐん》の38度線《どせん》への撤退《てったい》などを決議《けつぎ》。マッカーサーを司令官《しれいかん》とするアメリカ軍中心《ぐんちゅうしん》の国連軍《こくれんぐん》を編成《へんせい》し、朝鮮半島《ちょうせんはんとう》へ派遣《はけん》します。

北朝鮮軍《きたちょうせんぐん》は、戦争《せんそう》がはじまってわずか3日後《みっかご》には韓国《かんこく》の首都《しゅと》ソウルを占領《せんりょう》。韓国軍《かんこくぐん》を南《みなみ》へと追《お》いやり、1か月後《げつご》には、韓国軍《かんこくぐん》は半島《はんとう》の南端《なんたん》の釜山《プサン》まで追《お》いこまれました。ところが9月《がつ》、国連軍《こくれんぐん》の仁川上陸作戦《インチョンじょうりくさくせん》*1をさかいにして韓国軍《かんこくぐん》が反撃《はんげき》。北朝鮮《きたちょうせん》の首都平壌《しゅとピョンヤン》まで進撃《しんげき》していきます。すると今度《こんど》は、中国軍《ちゅうごくぐん》が北朝鮮《きたちょうせん》を支援《しえん》。国連軍《こくれんぐん》と中国軍《ちゅうごくぐん》との全面衝突《ぜんめんしょうとつ》となりました。その後《ご》、双方《そうほう》の軍隊《ぐんたい》は一進一退《いっしんいったい》をくりかえしながら北緯《ほくい》38度線付近《どせんふきん》でにらみあいを続《つづ》けます。

休戦《きゅうせん》にむけての話《はな》しあいがはじまったのは、1951年《ねん》7月《がつ》からでした。そのおよそ2年後《ねんご》の1953年《ねん》7月《がつ》、ようやく板門店《パンムンジョム》*2で休戦協定《きゅうせんきょうてい》が結《むす》ばれました。しかし、それは平和《へいわ》条約《じょうやく》ではなく、あくまでも休戦協定《きゅうせんきょうてい》でした。この状態《じょうたい》は、60年以上《ねんいじょう》がすぎた現在《げんざい》も続《つづ》いています。つまり、いまでも朝鮮《ちょうせん》半島《はんとう》は戦時下《せんじか》にあるということなのです。

この戦争《せんそう》による犠牲者《ぎせいしゃ》は、軍人《ぐんじん》と民間人《みんかんじん》をあわせて約《やく》270万人《まんにん》から360万人《まんにん》とされ、戦争《せんそう》から逃《に》げるとちゅうで離《はな》ればなれになった離散家族《りさんかぞく》は1千万人《せんまんにん》に達《たっ》しました。

◀1953年《ねん》4月《がつ》、朝鮮戦争《ちょうせんせんそう》のさなか、板門店《パンムンジョム》でおこなわれた北朝《きたちょう》鮮《せん》と国連《こくれん》の捕虜《ほりょ》交換交渉《こうかんこうしょう》。

写真：AP/アフロ

朝鮮戦争《ちょうせんせんそう》の経過《けいか》

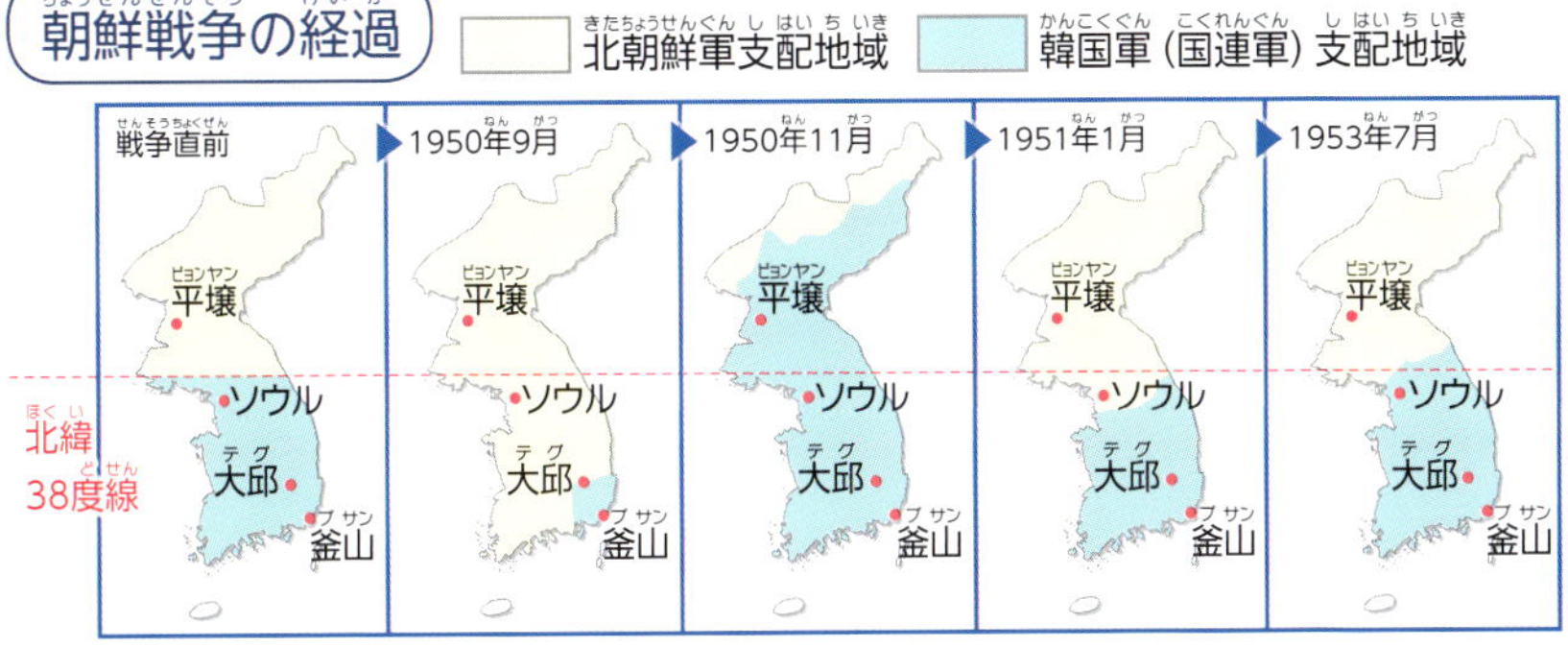

*1 仁川上陸作戦《インチョンじょうりくさくせん》：1950年《ねん》9月《がつ》、韓国《かんこく》を支援《しえん》する国連軍《こくれんぐん》が、ソウル西方《せいほう》の仁川《インチョン》へ上陸《じょうりく》し、北朝鮮《きたちょうせん》からソウルを奪還《だっかん》した作戦《さくせん》。 *2 板門店《パンムンジョム》：韓国《かんこく》と北朝鮮《きたちょうせん》の境界《きょうかい》、北緯《ほくい》38度線上《どせんじょう》にある村《むら》。

そのとき世界では？

サンフランシスコ講和《こうわ》会議《かいぎ》が開《ひら》かれる

▲サンフランシスコ講和条約《こうわじょうやく》に署名《しょめい》する吉田茂《よしだしげる》。

写真：共同通信社/ユニフォトプレス

「講和《こうわ》」とは、戦争状態《せんそうじょうたい》を終《お》わらせて交戦国《こうせんこく》とのあいだで平和条約《へいわじょうやく》を結《むす》ぶことをいいます。日本《にほん》が国際社会《こくさいしゃかい》で認《みと》められるためには、第二次世界大戦《だいにじせかいたいせん》で交戦《こうせん》したすべての国《くに》とのあいだで平和条約《へいわじょうやく》を結《むす》ぶことが必要《ひつよう》でした。

ところが、ここにも冷戦《れいせん》の影響《えいきょう》があらわれます。アメリカ・日本《にほん》の両政府《りょうせいふ》は、ソ連《れん》などの東側《ひがしがわ》の国《くに》ぐにをぬきにして、西側諸国《にしがわしょこく》とだけで講和《こうわ》を結《むす》ぶ単独講和《たんどくこうわ》＊1を選《えら》びました。これが、1951年《ねん》9月8日《がつようか》に結《むす》ばれた、「サンフランシスコ講和条約《こうわじょうやく》⇒P42」です。参加国《さんかこく》は日本《にほん》をふくめて52か国《こく》。中国《ちゅうごく》と国民政府《こくみんせいふ》（台湾《たいわん》）、韓国《かんこく》、北朝鮮《きたちょうせん》は招《まね》かれませんでした。また、インド、ビルマ（現在《げんざい》のミャンマー）、ユーゴスラビアは不参加《ふさんか》。さらに参加国《さんかこく》のうちソ連《れん》、チェコスロバキア、ポーランドは調印式《ちょういんしき》に欠席《けっせき》したため、日本《にほん》は48か国《こく》と調印《ちょういん》しました。条約《じょうやく》のおもな内容《ないよう》は、日本《にほん》は独立《どくりつ》するが外国軍《がいこくぐん》の駐留《ちゅうりゅう》を認《みと》める、各国《かっこく》は日本《にほん》に賠償《ばいしょう》をもとめない、沖縄《おきなわ》や小笠原《おがさわら》などはひきつづきアメリカの支配下《しはいか》におかれる、などでした。

サンフランシスコ講和条約・今暁調印

毎日新聞

四十九ヵ国が参加　晴れて日章旗翻る

吉田全権演説

賠償の責務は認む　條約を欣然受諾

ソ連圏三國參加せず　グロムイコ全権言明す

ソ連修正案一蹴さる

▲サンフランシスコ講和条約《こうわじょうやく》の調印《ちょういん》を知《し》らせる新聞《しんぶん》。　毎日新聞（1951年9月9日）

＊1 単独講和《たんどくこうわ》：「全面講和《ぜんめんこうわ》」に対《たい》して、戦争《せんそう》に参加《さんか》した国《くに》が、戦争《せんそう》の相手国《あいてこく》の一部《いちぶ》と個別《こべつ》に条約《じょうやく》を結《むす》ぶこと。

大人も子どもも楽しめる 大判ビジュアル本

本屋さんのすべてがわかる本 全4巻

齋藤 孝先生推薦!!

秋田喜代美監修　稲葉茂勝文

AB判上製／各32頁／オールカラー総ルビ／各2000円（税別）

①調べよう！世界の本屋さん

②調べよう！日本の本屋さん

③見てみよう！本屋さんの仕事

④もっと知りたい！本屋さんの秘密

和食のすべてがわかる本 全4巻

ユネスコ無形文化遺産に決定した「和食」を総合的に学べる！

服部幸應／服部津貴子監修

AB判上製／各40頁／オールカラー総ルビ／各2500円（税別）

①一汁三菜とは

②郷土料理を知ろう

③懐石料理を知ろう

④和食からWASHOKUへ

ミネルヴァ書房　〒607-8494　京都市山科区日ノ岡堤谷町１番地
TEL075-581-0296/FAX075-581-0589
E-mail:eigyo@minervashobo.co.jp　＊価格税別

福音館書店で月刊物語絵本『こどものとも』を創刊、
日本物語絵本史を切り拓いた“編集職人”がすべてを語る

「シリーズ・松居 直の世界」（全3巻） ＊四六判上製

松居　直 著（児童文学者・福音館書店相談役）

①松居直自伝

軍国少年から児童文学の世界へ
＊312頁／1800円（税別）

②松居直と『こどものとも』

創刊号から149号まで
＊452頁／2800円（税別）

③翻訳絵本と海外児童文学との出会い

＊288頁／2400円（税別）

石井桃子の翻訳はなぜ子どもをひきつけるのか

竹内美紀著●「声を訳す」文体の秘密　4200円（税別）

中川正文著作撰

中川正文著作撰編集委員会編●児童文学・文化を問い続けて　6000円（税別）

大人が子どもにおくりとどける40の物語

矢野智司著●自己形成のためのレッスン　2400円（税別）

子どもの世紀

神宮輝夫／髙田賢一／北本正章編著●表現された子どもと家族像　5000円（税別）

多文化絵本を楽しむ

福岡貞子／伊丹弥生／伊東正子／池川正也編著　1800円（税別）

そのとき日本では？

全面講和《ぜんめんこうわ》・単独講和《たんどくこうわ》

サンフランシスコ講和条約《こうわじょうやく》について、日本《にほん》の世論《よろん》は1949年《ねん》ごろから「全面講和《ぜんめんこうわ》*1」か「単独講和《たんどくこうわ》」かで二分《にぶん》されていました。

全面講和《ぜんめんこうわ》をもとめる人《ひと》たちは、おもに社会党《しゃかいとう》や知識人《ちしきじん》、労働者《ろうどうしゃ》に多《おお》く、単独講和《たんどくこうわ》を結《むす》ぶことで日本《にほん》が冷戦《れいせん》に組《く》みこまれて、ふたたび戦争《せんそう》への道《みち》を進《すす》むことになると主張《しゅちょう》しました。

一方《いっぽう》、吉田茂《よしだしげる》首相《しゅしょう》ら日本政府《にほんせいふ》は、冷戦《れいせん》が激《はげ》しさを増《ま》すなか、西側陣営《にしがわじんえい》の一員《いちいん》となることが日本《にほん》の安全《あんぜん》につながると考《かんが》えて、単独講和《たんどくこうわ》の立場《たちば》に立《た》っていました。

戦後《せんご》すぐにつくられた政党《せいとう》には、日本進歩党《にほんしんぽとう》、日本自由党《にほんじゆうとう》、日本協同党《にほんきょうどうとう》、社会党《しゃかいとう》、日本共産党《にほんきょうさんとう》がありましたが、そのなかでも勢力《せいりょく》を拡大《かくだい》していたのが社会党《しゃかいとう》でした。ところが、講和条約調印後《こうわじょうやくちょういんご》、党《とう》としての方針《ほうしん》を決《き》める臨時党大会《りんじとうたいかい》で、全面講和《ぜんめんこうわ》をもとめて単独講和《たんどくこうわ》に反対《はんたい》する左派《さは》と、単独講和《たんどくこうわ》に賛成《さんせい》という右派《うは》が、同《おな》じ政党《せいとう》でありながら激《はげ》しく対立《たいりつ》。結果《けっか》、社会党《しゃかいとう》はまもなく分裂《ぶんれつ》してしまいます。

▲講和条約《こうわじょうやく》をめぐって左派《さは》と右派《うは》が対立《たいりつ》、大乱闘《だいらんとう》となった社会党《しゃかいとう》の臨時党大会《りんじとうたいかい》（1951年《ねん》10月《がつ》）。写真：毎日新聞社

*1 全面講和《ぜんめんこうわ》：「単独講和《たんどくこうわ》」に対《たい》して、戦争《せんそう》に参加《さんか》した国《くに》が、戦争《せんそう》の相手国全体《あいてこくぜんたい》と1つの条約《じょうやく》を結《むす》ぶこと。

もっと知りたい！

日本人《にほんじん》の娯楽《ごらく》は、ラジオとテレビ！

戦前《せんぜん》、日本《にほん》のラジオ放送局《ほうそうきょく》は、社団法人《しゃだんほうじん》の日本放送協会《にっぽんほうそうきょうかい》（現在《げんざい》のNHK《エヌエイチケイ》）だけでした。それが戦後《せんご》になると、民間《みんかん》によるラジオ放送《ほうそう》がはじまります。

１９５１年《ねん》９月１日《がつついたち》には、名古屋《なごや》の中部日本放送《ちゅうぶにっぽんほうそう》と大阪《おおさか》の新日本放送《しんにっぽんほうそう》（現在《げんざい》の毎日放送《まいにちほうそう》、MBS《エムビーエス》）が、12月《がつ》には東京《とうきょう》でラジオ東京《とうきょう》（現在《げんざい》の東京放送《とうきょうほうそう》、TBS《ティービーエス》）が本放送《ほんほうそう》を開始《かいし》。このころ、NHK《エヌエイチケイ》のラジオドラマ『君《きみ》の名《な》は』＊1が大人気《だいにんき》となり、放送時間帯《ほうそうじかんたい》には「銭湯《せんとう》の女湯《おんなゆ》が空《から》になる」といわれるほどでした。当時大量《とうじたいりょう》の番組《ばんぐみ》がつくられましたが、それはテープ式録音機《しきろくおんき》が実用化《じつようか》され、録音《ろくおん》ができるようになったからです。ラジオの台数《だいすう》は１９５２年末《ねんまつ》までに１千万台《せんまんだい》をこえたといわれています。

１９５３年《ねん》２月１日《がつついたち》、NHK《エヌエイチケイ》の東京《とうきょう》テレビ局《きょく》によるテレビ放送《ほうそう》が開始《かいし》。放送開始《ほうそうかいし》にあたって、NHK《エヌエイチケイ》はテレビメーカーの協力《きょうりょく》で都内《とない》７か所《しょ》にテレビを設置《せっち》。その前《まえ》は、はじめてテレビを見《み》る人《ひと》たちであふれました。最初《さいしょ》の番組《ばんぐみ》は歌舞伎《かぶき》でした。当初《とうしょ》の放送時間《ほうそうじかん》は１日《にち》４時間《じかん》、受信契約数《じゅしんけいやくすう》は８６６で、受信料《じゅしんりょう》は月額《げつがく》２００円《えん》でした。その年《とし》の８月《がつ》、日本《にほん》テレビが民間初《みんかんはつ》のテレビ局《きょく》として誕生《たんじょう》します。翌日《よくじつ》には東京《とうきょう》の後楽園《こうらくえん》球場《きゅうじょう》から巨人《きょじん》・阪神戦《はんしんせん》を中継《ちゅうけい》し、翌年《よくねん》の２月《がつ》にはプロレスを中継《ちゅうけい》しました。１９５５年《ねん》にラジオ東京《とうきょう》テレビ（現在《げんざい》の東京《とうきょう》放送《ほうそう》、TBS《ティービーエス》）が、翌《よく》56年《ねん》には大阪《おおさか》テレビ放送《ほうそう》（現在《げんざい》の朝日《あさひ》放《ほう》送《そう》、ABC《エイビーシー》）も開局《かいきょく》し、いよいよテレビ時代《じだい》が幕《まく》を開《あ》けました。

日本《にほん》テレビは放送開始時《ほうそうかいしじ》から、都内《とない》や関東地方《かんとうちほう》55か所《しょ》に２２０台《だい》の「街頭《がいとう》テレビ」を設置《せっち》（１９５４年末《ねんまつ》までには２７８か所《しょ》）。東京《とうきょう》・新宿《しんじゅく》にあった街頭《がいとう》テレビの前《まえ》にはあまりにも多《おお》くの人《ひと》びとが集《あつ》まったために、都電《とでん》（路面電車《ろめんでんしゃ》）が動《うご》けなくなるという事件《じけん》も起《お》こりました。

街頭《がいとう》テレビでいちばん人気《にんき》があったのはスポーツ中継《ちゅうけい》です。なかでもプロレスの力道山《りきどうざん》＊2が熱狂的人気《ねっきょうてきにんき》をよんで、小《こ》柄《がら》な日本人《にほんじん》が、身長《しんちょう》も体重《たいじゅう》も大《おお》きな外国人《がいこくじん》を倒《たお》す姿《すがた》に、子《こ》どもからお年寄《としよ》りまで夢中《むちゅう》になりました。

池上解説

テレビ時代到来《じだいとうらい》！

戦後《せんご》、テレビが登場《とうじょう》して、新《あたら》しい大衆文化《たいしゅうぶんか》になったよ！　でも、テレビが家庭《かてい》に普及《ふきゅう》するには、それからまだ時間《じかん》がかかったんだ。なぜなら、値《ね》段《だん》が高《たか》すぎたからね。当時《とうじ》の大学卒《だいがくそつ》の初任給《しょにんきゅう》が８千円《せんえん》くらいだったけれど、17インチのテレビは約《やく》20万円《まんえん》！　それでも１９５４年《ねん》ごろから「神武景気《じんむけいき》」とよばれる時代《じだい》となり、人《ひと》びとの生活水準《せいかつすいじゅん》が向上《こうじょう》。一方《いっぽう》で、テレビの値段《ねだん》はさがっていったため、テレビをもつ家庭《かてい》もどんどん増《ふ》えていったんだよ。

＊1『君《きみ》の名《な》は』：1952年《ねん》から1954年《ねん》まで放送《ほうそう》。東京大空襲《とうきょうだいくうしゅう》のとき、東京《とうきょう》・銀座《ぎんざ》で出会《であ》った男女《だんじょ》をめぐるストーリーが話題《わだい》をよび、のちに映画化《えいがか》もされヒットした。　＊2 力道山《りきどうざん》：1924～1963年《ねん》。日本《にほん》のプロレスラー。

資料編《しりょうへん》 1 おぼえておきたい！用語集《ようごしゅう》

◆アインシュタイン……17
1879～1955年《ねん》。ドイツうまれのユダヤ人物《じんぶつ》理学者《りがくしゃ》。相対性《そうたいせい》理論《りろん》の発見《はっけん》で知《し》られる。原子力《げんしりょく》のもとになる理論《りろん》を確立《かくりつ》したが、戦後《せんご》は平和《へいわ》運動《うんどう》につとめた。

◆芦田均《あしだひとし》……30
1887～1959年《ねん》。京都府《きょうとふ》出身《しゅっしん》の政治家《せいじか》。民主党《みんしゅとう》総裁《そうさい》として、民主党《みんしゅとう》・社会党《しゃかいとう》・国民協同党《こくみんきょうどうとう》の三党《さんとう》連立《れんりつ》内閣《ないかく》を組織《そしき》し第《だい》47代《だい》内閣《ないかく》総理《そうり》大臣《だいじん》となるが、大規模《だいきぼ》な汚職《おしょく》事件《じけん》（昭和《しょうわ》電工《でんこう》事件《じけん》）により失脚《しっきゃく》。

◆インフレ……35・36
インフレーションの略《りゃく》で、好景気《こうけいき》で商品《しょうひん》やサービスの値段《ねだん》（物価《ぶっか》）があがること。逆《ぎゃく》に、不景気《ふけいき》で物価《ぶっか》がさがることをデフレ（デフレーション）という。

◆オッペンハイマー……17
1904～1967年《ねん》。アメリカの物理《ぶつり》学者《がくしゃ》。第二次《だいにじ》世界《せかい》大戦中《たいせんちゅう》に原爆《げんばく》の製造《せいぞう》にたずさわったことで知《し》られる。

◆学童疎開《がくどうそかい》……12・16
第二次《だいにじ》世界《せかい》大戦《たいせん》末期《まっき》、空襲《くうしゅう》の被害《ひがい》をさけるため、都市《とし》の子《こ》どもたちを農村《のうそん》へ移動《いどう》させたこと。親類《しんるい》などの家《いえ》へ疎開《そかい》させるほか、集団《しゅうだん》疎開《そかい》もおこなわれた。

◆学徒出陣《がくとしゅつじん》……12
戦前《せんぜん》、大学《だいがく》などの学生《がくせい》・生徒《せいと》（学徒《がくと》）は20歳《さい》になっても徴兵《ちょうへい》が猶予《ゆうよ》されていたが、この猶予《ゆうよ》を停止《ていし》し、理科系《りかけい》・教育系《きょういくけい》以外《いがい》の学生《がくせい》を入隊《にゅうたい》させたこと。

◆片山哲《かたやまてつ》……30
1887～1978年《ねん》。和歌山県《わかやまけん》出身《しゅっしん》の弁護士《べんごし》、政治家《せいじか》。社会党《しゃかいとう》委員長《いいんちょう》、第《だい》46代《だい》内閣《ないかく》総理《そうり》大臣《だいじん》をつとめる。

◆北大西洋条約機構《きたたいせいようじょうやくきこう》（NATO《ナトー》）……28
1949年《ねん》、アメリカがカナダや西《にし》ヨーロッパ諸国《しょこく》とともに設立《せつりつ》した軍事《ぐんじ》機構《きこう》。加盟国《かめいこく》により構成《こうせい》される軍隊《ぐんたい》をもち、一《いっ》国《こく》が武力《ぶりょく》攻撃《こうげき》を受《う》けた場合《ばあい》、全《ぜん》加盟国《かめいこく》への攻撃《こうげき》とみなして防衛《ぼうえい》をおこなう。

◆勤労動員《きんろうどういん》……12
戦時中《せんじちゅう》、本人《ほんにん》の意思《いし》にかかわらず、法律《ほうりつ》や命令《めいれい》によって強制的《きょうせいてき》に労働《ろうどう》をおこなわせたこと。

◆クリミア半島《はんとう》……20
黒海《こっかい》の北《きた》に突《つ》きでた半島《はんとう》。クリム半島《はんとう》ともよばれる。第二次《だいにじ》世界《せかい》大戦中《たいせんちゅう》のナチスドイツによる占領後《せんりょうご》、ソ連《れん》による統治《とうち》を経《へ》て、1954年《ねん》、ウクライナに編入《へんにゅう》された。

◆経済安定九原則《けいざいあんていきゅうげんそく》……36
1948年《ねん》、アメリカ政府《せいふ》が日本《にほん》に指示《しじ》した経済《けいざい》政策《せいさく》。徴税《ちょうぜい》強化《きょうか》、賃金《ちんぎん》安定《あんてい》、物価《ぶっか》統制《とうせい》、貿易《ぼうえき》改善《かいぜん》、増産《ぞうさん》など9項目《こうもく》により日本《にほん》経済《けいざい》の安定《あんてい》と自立《じりつ》がめざされた。

◆検定教科書《けんていきょうかしょ》……31
政府《せいふ》がつくる「国定《こくてい》教科書《きょうかしょ》」に対《たい》し、民間《みんかん》の出版社《しゅっぱんしゃ》がつくり、文部省《もんぶしょう》（2001年《ねん》からは文部《もんぶ》科学省《かがくしょう》）の検定《けんてい》に合格《ごうかく》して認《みと》められた教科書《きょうかしょ》のこと。

◆国際連合《こくさいれんごう》……22・37
世界《せかい》の平和《へいわ》と、経済《けいざい》・社会《しゃかい》の発展《はってん》のために協力《きょうりょく》することを目的《もくてき》につくられた国際《こくさい》組織《そしき》。2014年《ねん》現在《げんざい》、193か国《こく》が加盟《かめい》。国連《こくれん》総会《そうかい》、安全《あんぜん》保障《ほしょう》理事会《りじかい》、国際《こくさい》司法《しほう》裁判所《さいばんしょ》など6つのおもな機関《きかん》がある。

◆国際連盟《こくさいれんめい》……6
1920年《ねん》、アメリカ大統領《だいとうりょう》ウィルソンの主張《しゅちょう》によりつくられた国際《こくさい》組織《そしき》。発案《はつあん》者《しゃ》のアメリカは加盟《かめい》せず、日本《にほん》やドイツの脱退《だったい》で弱体化《じゃくたいか》し、1946年《ねん》に解散《かいさん》。

◆国際労働機関《こくさいろうどうきかん》（ILO《アイエルオー》）……22
1919年《ねん》設立《せつりつ》。1946年《ねん》に国連《こくれん》の専門《せんもん》機関《きかん》となる。労働者《ろうどうしゃ》を保護《ほご》するための活動《かつどう》をおこなう。

●ここでは、本文《ほんぶん》でピンク色《いろ》にした言葉《ことば》を50音順《おんじゅん》にならべて解説《かいせつ》しています。